Discute menos, habla más

Discute menos, habla más

JEFFERSON FISHER

El poder de una nueva conversación

Traducción de
Teresa Jarrín

C❂NECTA

Título original: *The Next Conversation*

Primera edición: *agosto* de 2025

© 2025, Jefferson Fisher
Esta edición se publica por acuerdo con TarcherPerigee, un sello editorial
de Penguin Publishing Group, una división de Penguin Random House LLC
© 2025, Penguin Random House Grupo Editorial, S. A. U.
Travessera de Gràcia, 47-49. 08021 Barcelona
© 2025, Penguin Random House Grupo Editorial USA, LLC
8950 SW 74th Court, Suite 2010
Miami, FL 33156
«We Just Disagree», de Jim Krueger © 1976, EMI Blackwood Music Inc. and Bruiser Music.
Todos los derechos gestionados por Sony Music Publishing (US) LLC, 424 Church Street,
Suite 1200, Nashville, TN 37219. Todos los derechos reservados.
© 2025, Teresa Jarrín Rodríguez, por la traducción

La editorial no se hace responsable por los contenidos u opiniones publicados en sitios web o plataformas digitales que se mencionan en este libro y que no son de su propiedad, así como de las opiniones expresadas por sus autores y colaboradores.
Penguin Random House Grupo Editorial apoya la protección de la propiedad intelectual y el derecho de autor. El derecho de autor estimula la creatividad, defiende la diversidad en el ámbito de las ideas y el conocimiento, promueve la libre expresión y favorece una cultura viva. Gracias por comprar una edición autorizada de este libro y por respetar las leyes del derecho de autor al no reproducir, escanear ni distribuir ninguna parte de esta obra por ningún medio sin permiso previo y expreso. Al hacerlo está respaldando a los autores y permitiendo que PRHGE continúe publicando libros para todos los lectores. Por favor, tenga en cuenta que ninguna parte de este libro puede usarse ni reproducirse, de ninguna manera, con el propósito de entrenar tecnologías o sistemas de inteligencia artificial ni de minería de textos y datos.
En caso de necesidad, contacte con: seguridadproductos@penguinrandomhouse.com
El representante autorizado en el EEE es Penguin Random House Grupo Editorial, S. A. U.,
Travessera de Gràcia, 47-49. 08021 Barcelona, España

Printed in Colombia – Impreso en Colombia

ISBN: 979-8-89098-479-1

A Sierra, que me apoya
A Jett y Ruby, que me inspiran
A mis hermanos, que fueron los primeros que me inspiraron
A mis padres, que rezaban por mí
Y a todos los que lo han probado y me han seguido

There ain't no good guy.
There ain't no bad guy.
There's only you and me and we just disagree.

Dave Mason,
«We Just Disagree»

Índice

Prólogo 13
Introducción 23

PRIMERA PARTE
Los fundamentos

1. No ganes nunca una discusión 33
2. Tu próxima conversación 53
3. La verdad sobre la conexión 67

SEGUNDA PARTE
La puesta en práctica

Regla 1: Dilo con control 79
4. Contrólate 81
5. Controla el momento 99
6. Controla el ritmo 123

Regla 2: Dilo con confianza 139
7. Una voz asertiva 141

8. Las personas difíciles 165
9. Los límites 191

Regla 3: Dilo para conectar 207
10. Enmarcar la conversación 209
11. Ponerse a la defensiva 225
12. Las conversaciones difíciles 243

Epílogo 263
La versión de 47 segundos 267
Los siguientes pasos 269
Privilegio abogado-cliente: los narcisistas
    y hacer luz de gas 271

Agradecimientos 273
Notas 277

Prólogo

Notaba en las piernas el tacto rasposo de la gastada alfombra bereber de la vieja casa del rancho. Vestido con una camiseta demasiado grande y mis calzoncillos de Spider-Man, me hice un ovillo en un rincón de la estancia principal. Tenía el pelo y la piel aún húmedos después de haberme duchado a toda prisa con agua fría. Tiritaba. También sonreía de oreja a oreja.

Mi yo de ocho años no tenía intención de perderse ni una palabra.

Todo el mundo se encontraba en la estancia principal. Mi bisabuelo, juez federal, era el patriarca de la familia. Tanto mi abuelo como mi padre, mis primos y mis tíos abuelos —no se salvaba ni uno— eran juristas y trabajaban en los tribunales. Todos los años, los hombres Fisher se reunían durante un fin de semana para inaugurar la temporada de caza en Hill Country, la zona montañosa del oeste de Texas. Eran un total de trece y aquel año por primera vez éramos catorce, contándome a mí. Me sentía como si me hubieran llamado a participar en la gran liga. Por fin era lo bastante mayor para hacer un viaje de ocho horas con mi padre, escuchando a James Taylor, Jim Croce y Jerry Jeff Walker. Por fin era lo bastante mayor para estar con los adultos. También es verdad que apenas pronuncié palabra, pero no me importó. Bebí zarzaparrilla IBC y comí más cecina de la que me habría permitido mi madre.

La primera noche fue una experiencia que se me grabó para siempre en la memoria.

Al terminar de cenar, mi abuelo empujó un poco el plato, cambió de postura en el sofá, acercándose más al borde, y empezó a relatar una historia sobre su trabajo, un juez y un juzgado. La reconocí inmediatamente porque se la había contado a mi padre ese mismo día mientras reparábamos un espiadero de ciervos, aunque en ese momento la anécdota había resultado más prosaica, relatada con una voz plana a la vez que buscaba pintura verde en la caja de la camioneta.

Sin embargo, en el rancho se convirtió en algo especial. Las palabras eran las mismas, pero la historia resultaba muy diferente.

Yo miraba fascinado al abuelo, que se puso de pie para escenificar la anécdota. Usaba las manos y la cara para dar textura a la voz, que aumentaba de volumen en las partes más emocionantes y se hacía más lenta y grave en las más intensas. Hasta el tono le cambiaba. ¿Cómo podía tratarse de la misma historia? El abuelo cautivó a todos los presentes durante casi diez minutos. Tras una larga pausa, remató con una frase graciosa, y todo el mundo prorrumpió en carcajadas. Me sentí como si hubiera visto un número de magia.

El final del relato dio pie a una sucesión de anécdotas de juicios que fueron contando por turnos cada uno de mis primos, mi padre y hasta mi bisabuelo. Por su trabajo en los tribunales, a todos se les daba estupendamente bien contar historias. Las risas continuaron varias horas hasta entrada la noche.

Sentado en aquel rincón, con las rodillas metidas dentro de mi camiseta de dormir, yo escuchaba embelesado cada historia, cada palabra, y lo iba absorbiendo todo. Al final me quedé dormido. Era tarde. Mi padre me llevó a la cama con un trozo de cecina aún en la mano.

La velada entera había supuesto un descubrimiento para mí, a la vez que me había resultado extrañamente familiar, como si fuera algo que ya había visto antes. Recuerdo que inmediatamente todo hizo clic, como cuando un zapato te entra como un guante la primera vez que te lo calzas.

Esa noche, y los siguientes fines de semana de inauguración a lo largo de diez años, recibí la herencia familiar: una identidad de dedicación a la abogacía que me fueron transmitiendo mediante la narración de historias. Cada año me daba más cuenta de que lo de las leyes era solamente la profesión de mi familia, pues su verdadera pasión era la comunicación.

Nadie se sorprendió cuando quise estudiar Derecho y trabajar en los tribunales.

Y, después de dedicarme a la abogacía durante diez años, aún no conozco una profesión semejante a esta. Me contratan para gestionar problemas ajenos a mí, es decir, los que tienen mis clientes con otra gente. La parte contraria también cuenta con su propio abogado, a quien paga para tener problemas conmigo. Todos los días me enfrento a personas cuya principal tarea es asegurarse de que yo pierda. En un juicio, el riesgo no puede ser mayor. El modo en que yo me comunique y enseñe a mi cliente a comunicarse puede suponer la diferencia entre que él o ella recuperen su sustento o lo pierdan para siempre. Cada caso es una nueva lección, tanto si se trata de recusar testigos como de hacer repreguntas o presentar alegaciones ante el juez o el jurado. Mi propósito constante es afrontar el conflicto.

Si el lector supone que aprendí mis dotes de comunicación en la facultad de Derecho, se equivoca. En la facultad te enseñan a aplicar la ley: los derechos y las obligaciones de los contratos, los daños y perjuicios, el derecho constitucional, las normas procesales que rigen las distintas instancias estatales y federales. Todo muy importante. Pero no te dan clases sobre cómo dirigirte a los demás con empatía. No hay ninguna parte del temario que trate sobre cómo apaciguar los ánimos durante una discusión acalorada. En la facultad de Derecho aprendes a interpretar las leyes, no a interpretar a las personas.

Esta última parte tuve que aprenderla yo solo.

—¡¿Che gushta?! —chillaba mi hermana Sarah con el chupete en la boca mientras me traía la quinta ronda de crepes invisibles. Yo era el mayor de cuatro hermanos, y me encantaba serlo.

Con trece años, mis lazos con mis hermanos eran tan fuertes que casi me obedecían a mí más que a nuestros padres. Fuéramos a donde fuésemos, yo era como la mamá gallina. Al cumplir dieciséis, era yo quien los llevaba en coche al colegio a la vez que repasaba ortografía con ellos.

Quiero dejar claro que mis padres son fantásticos y nos quieren mucho. Yo salí así de bien precisamente por todo lo que se volcaron conmigo durante los cuatro primeros años de mi existencia, antes de que naciera mi hermana. Además, lo cierto es que disfrutaba con la responsabilidad de ser el hermano mayor.

Se supone que ser el mayor conduce a más estabilidad emocional, iniciativa y cosas por el estilo. En mi caso, me enseñó a mejorar mis habilidades básicas de comunicación desde muy pequeño.

Enseguida aprendí a prestar atención a Sarah fingiendo que me tragaba su comida invisible a la vez que sonreía y decía: «Mmm, qué rico». Me di cuenta de que me hacía más caso si empleaba palabras amables que si me enfadaba. Mi hermano Jonathan repetía muchas veces mi nombre, tartamudeaba y le costaba mucho acabar las frases. Averigüé que si esperaba pacientemente y repetía las palabras que él iba diciendo, al tiempo que asentía con la cabeza, él se sentía comprendido. Jonathan tardó mucho en aprender a pronunciar las consonantes y al principio solo hablaba con vocales. Yo me convertí de manera natural en su intérprete; identificaba peculiaridades no verbales y preveía situaciones que podían frustrarlo antes de que ocurrieran. Jacob, el pequeño de los hermanos, era el más intenso de los tres. Sentía las emociones con mucha fuerza y perdía rápidamente los estribos. Descubrí que si le hablaba despacio y bajaba la voz, él hacía lo mismo. Comprendí que podía dejarle sentir sus emociones sin tomármelo como algo personal. Que a veces un abrazo decía más que cualquier palabra. Cada hermano tenía una personalidad única que requería una forma distinta de abordarla, un toque especial que permitía conectar a un nivel más profundo.

Una de las habilidades más importantes que desarrollé siendo hermano mayor fue la capacidad de mediar en conflictos y resolverlos. Si dos de mis hermanos empezaban a discutir sobre algún juguete, yo enseguida paraba los gritos, les hacía a cada uno explicar su versión de los hechos y luego decidía a quién le tocaba tenerlo y en qué tenía que ceder cada uno. Y funcionaba. Me volví un experto en enseñar a mis hermanos cómo comunicar sus necesidades y cómo entender las de los demás. Ser para ellos el modelo a imitar al comunicarse era mi pan de cada día.

Algo que me sigue ocurriendo hoy, casado y con dos hijos. En todas las etapas de mi vida, en todas las relaciones y en todos los grupos de amigos, yo he sido el comunicador. Quizá el lector crea que todo se debe a que se me da bien hablar. Pero hay algo más.

Cuando era pequeño, mi padre se sentaba todas las noches al borde de mi cama, se inclinaba y susurraba: «Querido Dios, dale a Jefferson sabiduría y sé siempre su amigo». Creo en el poder de la oración. Y creo que, sin la oración de mis padres, este libro no existiría.

En 2020, me convertí en socio de un bufete de abogados prestigioso. Sin embargo, a pesar de este logro, me sentía deprimido en el ámbito profesional. Era como si algo me estuviera lastrando. Facturaba y sacaba casos adelante, sí, pero en lo creativo no estaba yendo a ningún sitio.

Que mi padre trabajara en el mismo bufete ponía las cosas más difíciles. La primera vez que le conté que estaba pensando establecerme por mi cuenta, digamos que la cosa no fue muy bien. Y la verdad es que no mejoró mucho las siguientes veinte veces que lo hablamos, incluido el día en que lo anuncié al bufete. Mi padre peleó para que me quedara. Fueron conversaciones muy difíciles.

En enero de 2022 hice dos cosas que lo cambiarían todo.

En primer lugar, abrí mi propio bufete, Fisher Firm, para llevar casos de responsabilidad civil por daños personales.

No tenía ni oficina ni empleado alguno. Por no tener, no tenía ni impresora. Trabajaba con el portátil en cafeterías y usaba los despachos vacíos de amigos. Pero enseguida conseguí clientes y me sentí increíblemente bien. Estaba ayudando a gente real con problemas reales. Había soltado el lastre y por fin notaba un avance.

En segundo lugar, colgué mi primera publicación en las redes sociales asesorando sobre comunicación.

En un primer momento lo que pretendía era conseguir clientes. Había muchos abogados que publicaban en las redes sociales para hacer lo único que sabían hacer: vender. Para ellos, las redes eran el nuevo medio publicitario en el que poder decirle a la gente qué hacer y a quién llamar después de sufrir un accidente. Yo también intenté algo así. Pero no me gustó. Me recordaba a esos carteles con fotos de abogados empuñando martillos, lanzallamas o guantes de boxeo, con frases estrafalarias como: «¿Has sufrido daños y perjuicios? ¡Tengo el mejor derechazo de todo Texas! ¡Llámame y los dejaré KO!». Uf. Me daban escalofríos. No puedo soportar ese tipo de cosas. Y, sobre todo, no es mi estilo.

Elegí un camino diferente. En lugar de venderme a mí mismo, aportaría algo gratuitamente, y no sería para beneficiarme a mí, sino a los demás. Y lo haría siendo auténticamente yo, la persona que siempre he sido. Jefferson.

¿Cómo podía ayudar de verdad?

Tenía que ser algo con lo que la gente pudiera identificarse, un mensaje positivo y luminoso que penetrase en los hogares y los lugares de trabajo. Recordé entonces la pregunta que me hacían mis padres cada vez que yo no sabía qué decirle a alguien: «A ver, ¿tú qué quieres que sepan?». La respuesta fue una auténtica revelación. Haría lo que mejor se me da: ayudaría a la gente a aprender a comunicarse.

No contaba con un despacho bien dispuesto o un estudio donde pudiera grabar con una cámara sofisticada, pero tenía mi coche y mi móvil. Me apañaría con eso. Puse el modo selfi de la cámara y le di a grabar. Decidí sobre la marcha que el tema sería «Argumentar como un abogado, parte 1» y que lo resumiría en tres puntos sencillos. En el asiento delantero del coche, le hablé a la pantalla del móvil sobre qué hacer para no alargar mucho las preguntas, cómo se puede ser menos reactivo emocionalmente y de que usar tacos al hablar es lo mismo que condimentar demasiado la comida. En algún momento había leído u oído decir que los vídeos debían ser «llamadas a la acción», así que al final de la grabación me dio por decir: «Pruébalo y sígueme». Por la razón que fuera, no sabría decir cuál, me llevé la mano a la boca en el último segundo al decir esa frase. Y decidí que el gesto se quedaba. Respiré hondo y subí el vídeo, de cuarenta y siete segundos.

No pensé que ocurriría nada especial. Hasta ese momento, todos mis vídeos tenían cero visualizaciones. De hecho, hasta había buscado en Google cosas como: «¿Por qué tengo cero visualizaciones en mis vídeos?» o «¿Cómo hago un *reel*?».

No estaba preparado para lo que sucedió a continuación. Al cabo de una hora, mi vídeo «Argumentar como un abogado» empezó a acumular visitas y en poco tiempo llegó a varios miles. Al día siguiente eran millones. Por supuesto, tampoco me di cuenta de que eso quería decir que millones de personas verían, al fondo de la imagen, el asiento rosa de mi hija y el vasito con boquilla de mi hijo, así como el vestuario nada pensado que llevaba ese día (una chaqueta de traje con un polo que me hacía arrugas). ¿Quién se viste pensando que ese día van a verlo millones de personas?

A la gente no pareció importarle. Resultaba natural.

Era como si estuviera hablándoles directamente, sin tratar de venderles nada, sin trucos. Era real.

—¿Y ahora qué hago? —le pregunté a una amiga.

—Grabar más —me respondió.

Y eso hice.

Ese año conseguí más de cinco millones de seguidores en las redes sociales, incluidos cientos de famosos y figuras públicas, y lo único que hice fue usar el iPhone en el asiento del conductor de mi coche para dar consejos sobre cómo comunicarse. Todos los vídeos siguen el mismo formato: estoy yo solo en mi coche; aparco donde puedo al salir del despacho de camino a casa; no preparo ningún guion, y subo el material siempre el mismo día de la grabación, sin editar ni añadir gráficos o textos sofisticados. Nada más que yo sujetando el móvil y siendo yo mismo.

Y, a pesar de hacerlo todo solo en mi coche, en poco tiempo me encontré dando charlas inaugurales de conferencias ante miles de personas reales, y hablando con organizaciones que querían aprender mis técnicas de comunicación. Hasta me contactó la NASA. Y, cada vez que me ponía a hablar en público, no podía por menos que pensar: «¿Qué hace ahí toda esa gente?». Coseché 250.000 suscriptores que querían mi consejo semanal sobre comunicación y firmé un contrato con Penguin Random House para empezar a escribir el libro que tienes en las manos. Estrené el *Jefferson Fisher Podcast*, que ha llegado a lo más alto de las listas y es número uno mundial en el tema de la comunicación. He desarrollado también una comunidad online fantástica, llena de recursos y clases que aportan a la gente herramientas prácticas para mejorar su manera de comunicarse. Los vídeos que he ido colgando en las distintas plataformas han recibido más de quinientos millones de visualizaciones. Tengo la suerte de haber recibido diariamente mensajes llenos de amabilidad, gratitud y valiosas reflexiones. No puedo creerme que esté ayudando así a la gente y, mucho menos, que me encuentre tecleando estas palabras.

No he dejado de trabajar en la abogacía y ahora ayudo a clientes por todo Estados Unidos con demandas por daños personales y los pongo en contacto con abogados en los que confío. Sigo grabando vídeos cortos a diario. Y sigo diciendo: «Pruébalo y sígueme». Millones de personas han hecho las dos cosas. Y cuento todo esto sintiendo una enorme gratitud.

Nunca soñé con llegar a este punto.

Pero eso no es todo.

Cinco meses después de abrir Fisher Firm, mi padre abandonó el bufete donde había trabajado durante treinta y cinco años para unirse a mí, su hijo, por la única razón de que practicásemos juntos la abogacía. «¿Tienes sitio para este viejecito?», me preguntó con una sonrisa. Yo me quedé sin palabras. No había nada que me hubiera gustado más. Aún me asoman a los ojos lágrimas de felicidad mientras escribo esto.

Introducción

Poco después de mi primer vídeo, empecé a recibir mensajes, miles de ellos. Tantos que no había manera de que pudiera leerlos todos, ni mucho menos responderlos. Los mensajes eran de seguidores de mi contenido pidiéndome consejo.

No me planteaban grandes interrogantes filosóficos sobre religión o política, ni siquiera me consultaban acerca de problemas legales. Querían consejo sobre cuestiones diarias, sobre momentos pequeños de cosas reales que tiene que afrontar la gente real, desde asuntos prosaicos hasta historias que parten el corazón.

- ¿Qué le digo a un superior que siempre desecha mis ideas?
- ¿Qué le digo a mi hija adulta a la que llevo años sin ver?
- ¿Qué le digo a mi pareja, que siempre quiere tener la razón?

Tras miles de mensajes como estos, una cosa que he aprendido es que, con independencia de lo que pregunten quienes me piden consejo, el problema que tienen no es qué decir, sino cómo decirlo.

Cada vez que recibo este tipo de consultas, lo primero que hago es formularles la pregunta que siempre me planteaban mis padres a mí: «A ver, ¿tú qué quieres que sepan?». Hasta ahora nunca me han respondido: «No lo sé». Siempre me dan una contestación rápida. La gente ya sabe qué es lo que quiere decir porque es un reflejo de lo que sienten por dentro: «Quiero que sepa que me duele», «Quiero que sepa que necesito espacio», «Quiero que sepa que estoy enfadado». Los sentimientos se nos muestran de forma natural. Lo que no resulta tan fácil es articularlos para comunicárselos a la otra persona.

Desde luego, desmoraliza bastante que algo tan sencillo parezca tan fuera de nuestro alcance.

Si has escogido este libro, hay muchas probabilidades de que estés buscando lo mismo: soluciones reales para problemas reales. No necesitas el qué, sino el cómo. ¿Cómo te expresas de un modo que respete tanto tu perspectiva como la de la otra persona? ¿Cómo te defiendes sin dar al traste con una relación? ¿Cómo das a conocer lo que piensas con autenticidad y empatía, a la vez que demuestras que tienes agallas?

La respuesta fácil que estás buscando es: conexión.

La respuesta más sincera que mereces está en las páginas que siguen.

Por qué he escrito este libro

He escrito este libro por tres razones:

1. Porque me lo pidieron mis seguidores en las redes sociales. Para mí, es su libro.
2. Para que, como lector, aprendas lo que sé que mejorará la próxima conversación que tengas.

3. Porque me gustaría preservar este material, que es parte de mí, para mis hijos y mi familia.

Antes de ponerte manos a la obra con la lectura, necesito que comprendas algo importante. Las habilidades de comunicación de este libro no son principios que haya extraído de ningún sitio. Aparte de unos pocos estudios y comentarios de varios campos científicos —psicología, neurociencia y ciencias del comportamiento—, no verás muchas fuentes. Lo que estás a punto de leer son conocimientos que he recogido de mis experiencias vitales y del modo en que yo me comunico.

No soy terapeuta ni psicólogo. Si algo de lo que digo en el libro entra de algún modo en conflicto con lo que afirme alguno de estos especialistas, créelos a ellos, no a mí. No voy a pedirte que identifiques tu estilo de apego o animarte a que respondas a un cuestionario para averiguar qué tipo de personalidad demuestras tener ante los conflictos. En este libro no vas a encontrar un análisis profundo de las últimas estadísticas o un estudio práctico sobre cómo pueden ayudarte a comunicar los patrones dinámicos sociales de las abejas, ni nada de ese estilo.

Lo que he escrito son las lecciones que he aprendido a diario en el mundo real, en las trincheras de las discusiones, los desacuerdos, los debates encendidos y las conversaciones difíciles.

Lo que ofrezco son consejos prácticos, de cosecha propia, fuera del mundo académico y de los libros de texto.

Y quizá sea justo eso lo que más necesita la mayoría de la gente.

Cómo te ayudará este libro

Aunque practico la abogacía en los tribunales, en lo que estás a punto de leer, no encontrarás ninguna referencia al mundo jurídico. Este libro no trata sobre mi profesión, ni siquiera sobre los abogados.

Trata sobre cómo hablar con seguridad, con la frente alta; cómo asumir la vulnerabilidad que conlleva poner tus cartas sobre la mesa.

Cómo decir lo que quieres decir de una forma clara e inequívoca.

Va sobre elegir la valentía por encima de la comodidad, incluso aunque te tiemble la voz.

Hablar de manera directa no significa que carezcas de empatía o de consideración por los sentimientos de la otra persona. Ser directo significa que tienes la seguridad de que respetas hasta tal punto a la otra persona y a ti mismo que puedes comunicarle tus necesidades abiertamente y sin miedo.

No hace falta que seas una persona asertiva para hablar asertivamente. Las palabras lo harán por ti. Eso es lo que te dará este libro: las palabras.

Aquí encontrarás respuestas a preguntas que preocupan a mucha gente:

- ¿Cómo hablo con alguien que se pone a la defensiva?
- ¿Qué digo cuando alguien me menosprecia?
- ¿Cómo dejo claros mis límites?

Para transmitirte toda esta información, he dividido el libro en dos partes. En la primera, te diré cómo conseguir conectar primero contigo mismo. Sé que puede sonar un poco «metafísico». Pero no es así. Lo que vamos a ver es a qué parte de tu mente irte cuando aparezca el conflicto y, lo más importante: cómo valerte de esa actitud mental para conseguir mejores resultados. En la segunda parte aprenderás a usar esa actitud para conectar con los demás. El modo de conectar variará en función del contexto, es decir, en función de si estás afrontando una conversación difícil o si necesitas defenderte. Pero, sea cual sea el contexto en el que te encuentres, he creado tres reglas que te permitirán establecer una conexión:

1. Dilo con control.
2. Dilo con confianza.
3. Dilo para conectar.

Estas normas se sustentan en tácticas de eficacia probada que puedes usar de inmediato. A lo largo del libro, te mostraré cómo se ve, oye y siente la comunicación que se realiza con autoconfianza. Aprenderás a partir de historias reales de mi vida personal y profesional. También podrás imaginarte a ti mismo en conversaciones hipotéticas con las que te identifiques. Averiguarás qué decir y qué no decir y, por supuesto, cómo decirlo.

Después de leer las siguientes páginas, dejarás de encontrarte impotente ante conversaciones que antes te parecían difíciles y liberarás espacio en tu vida para experiencias más «reales»: amistades reales, conexiones reales, crecimiento real. Y no solo me refiero a tu casa y tus relaciones. Notarás que también empezará a mostrarse en el trabajo y en las reuniones tu yo real. Responderás a los mensajes y los correos electrónicos de otra manera. La gente reconocerá tu integridad. Y tu autoconfianza comenzará a transformarse en credibilidad. No sabes cómo deseo que llegues a ese punto.

Cómo aplicar los conocimientos de este libro

Mientras leas este libro o veas alguno de mis vídeos, quizá te preguntes: ¿Cómo voy a acordarme de todo esto cuando me haga falta?

La respuesta es simple: no te acordarás. No puedes leer algo y esperar que inmediatamente vayas a ser capaz de aplicarlo todo. Son demasiadas cosas a la vez, como tratar de beber de una manguera. Te caerás con todo el equipo.

Es mejor ir poco a poco.

Elige un solo consejo, el que más cercano te resulte, y aplícalo lo antes posible. Por ejemplo, digamos que la actitud con la que te has identificado es la de disculparte más de la cuenta, de la que hablamos en el capítulo 7. Céntrate en esa lección. Busca maneras de mantenerla cerca de tus pensamientos, por ejemplo, anotándola en algún lugar donde la puedas ver, diciéndotela en voz alta o contándosela a un amigo para que esté al tanto. Luego empieza a usarla. Identifica todas las veces que digas un «lo siento» innecesario y destiérralo de todas las frases que pronuncies, correos que escribas o mensajes que mandes.

Comprométete a seguir nada más que esa regla. Únicamente cuando lleves una semana entera sin haberte disculpado innecesariamente ni una sola vez, pasa a otra lección que te resulte relevante.

Este libro contiene consejos que he seleccionado de entre mis vídeos más populares y virales, pero también lecciones exclusivas que nunca había compartido antes. Si lees estas páginas porque me sigues en las redes sociales: hola, sigo siendo yo. Me enorgullece poder darte por fin algo tangible que puedas hacer tuyo anotando cosas, subrayando, arrancando alguna página… Sé que merecerá la pena la espera. Es hora de decir lo que quieres decir de una forma clara e inequívoca. Es hora de comunicar tus necesidades abiertamente y sin miedo.

Así que súbete al asiento del pasajero. Yo pondré la zarzaparrilla y la cecina. Estás en el camino de conseguir que tu próxima conversación lo cambie todo.

PRIMERA PARTE

Los fundamentos

No te hace falta convencerte de que la comunicación es importante. Ya lo sabes. De lo que sí tengo que persuadirte, sin embargo, es de su alcance.

Tus palabras tienen un efecto de onda.

Con independencia de lo insignificante que creas ser —tanto si te crees alguien como si es lo contrario—, tus palabras tienen más poder de lo que serás capaz de ver nunca.

El modo en que hables a un colega en el trabajo o a la persona que te atienda tras un mostrador afectará a cómo hablen ellos a sus amigos al salir del trabajo o a su familia cuando vuelvan a casa. El modo en que hables a tus hijos afectará a cómo hablen ellos a los suyos. Tus palabras no son solo importantes en el momento en que las dices. Influirán en generaciones de personas a las que nunca conocerás. En gente que nunca sabrás que existe. Decir la frase apropiada a la persona apropiada puede cambiar vidas.

Sí, los actos valen más que mil palabras, pero no las pueden sustituir. Está claro que no será amable quien no utilice palabras amables.

¿Qué dicen tus palabras de ti?

Las ondas siguen propagándose mucho después de que la piedra haya caído en el agua.

En esta sección del libro aprenderás a adoptar una mentalidad que te preparará para crear ondas de efecto positivo, las cuales se propagarán a través de tus relaciones y durarán toda una vida y mucho más.

1
No ganes nunca una discusión

—Los abogados sois lo peor que le ha pasado a este país —bramó. Vestido con un mono marrón, con el apellido LaPray bordado en un parche ovalado de color blanco en el bolsillo superior izquierdo, Bobby LaPray me lanzó una mirada furibunda que podría haberme agujereado la americana.

Normalmente no sé qué aspecto tiene la gente hasta que los conozco el día de su declaración previa al juicio. No recuerdo cómo imaginaba que sería Bobby LaPray, pero, desde luego, nada parecido a la realidad. Yo estaba sentado a la mesa de la sala de reuniones, esperando a que llegara todo el mundo, y, al levantar la vista, vi a aquel hombre, medio humano medio gigante, cuya figura ocupaba el vano entero de la puerta. Como es natural, me levanté y me acerqué a él para estrecharle la mano y presentarme.

—Jefferson Fisher —dije con una sonrisa.

—Eh... Bobby —murmuró.

A ver, no soy un tipo bajo. Mido más de uno ochenta. Sin embargo, apenas le llegaba a Bobby LaPray al pecho. Era una auténtica mole. Al saludarnos, el apretón de su mano callosa y descomunal dejó la mía arrugada como en los dibujos animados de Tom y Jerry. Nunca había tenido cerca a alguien con una presencia física tan intimidante.

El caso era sobre una pelea en un bar. Yo representaba a un cliente que se había visto en medio de la refriega, y necesitábamos la declaración de Bobby LaPray como testigo de los hechos. En estos actos previos a la vista oral, tengo la oportunidad de interrogar a la gente bajo juramento, normalmente para conocer lo que saben antes de que testifiquen en el juicio propiamente dicho.

En torno a la mesa de la sala de reuniones nos sentábamos la taquígrafa judicial, apuntándolo todo; Bobby LaPray a su derecha; a continuación el abogado de la parte contraria, y, por último, yo. Tras pedirle a Bobby que levantase la mano derecha y jurase que iba a decir la verdad, la taquígrafa me indicó con el habitual gesto de cabeza que estaba lista para que yo comenzase.

Le hice a Bobby LaPray preguntas rutinarias sobre su persona y sobre cómo había empezado la pelea. Eran preguntas sencillas y abiertas: ¿A qué hora llegó usted? ¿Con quién habló primero? ¿Vio usted que...?, etc. Es normal utilizar este tipo de preguntas para ir construyendo una cronología de los hechos desde el punto de vista particular de un testigo. En todo momento me aseguré de ser amable y cortés; en un 90 por ciento porque esa es mi personalidad, y en un 10 por ciento por pura supervivencia. Lo que menos quería era molestar a aquel tipo.

Pero, por muy facilitas que fueran las preguntas, Bobby LaPray empezaba a sentirse cada vez más agitado. Había visto suficientes veces esa evolución en una persona como para saberlo. Empezó a fruncir las cejas ante cada pregunta, una señal de estar experimentando una emoción negativa. Cada vez respiraba con más fuerza y pasó de exhalar por la nariz a hacerlo por la boca, una señal de aumento del estrés. Mientras hablaba se retorcía las enormes manos, una señal de ansiedad.

Daba igual lo que yo hiciera. Era como si mi simple presencia en la sala lo ofendiera. La tensión crecía palpablemente alrededor de la mesa a medida que Bobby LaPray se disgustaba cada vez más. Era como si yo estuviera inflando un globo a punto de estallar.

Al final le pregunté:

—Señor LaPray, ¿quiere que hagamos un descanso?

Se hizo el silencio en la sala.

—No —dijo Bobby LaPray, carraspeando—. Pero sí quiero decir una cosa.

Sus palabras resonaron con más volumen del necesario, tanto que la taquígrafa se sobresaltó. Lancé una mirada rápida al otro abogado, que no tendría menos de sesenta y cinco años. Parecía más nervioso que yo. Cuando cruzamos la mirada, él abrió mucho los ojos y meneó lentamente la cabeza, como diciendo: «Si esto se sale de madre, yo me lavo las manos».

Me volví para mirar a mi testigo.

—Adelante —lo animé.

Bobby LaPray respiró hondo.

—Puedes abreviar todo este mamoneo de las narices.

Solo que no dijo «las narices».

—Los abogados son lo peor que le ha pasado a Estados Unidos —continuó—. No sabéis nada más que mentir. —Dio un manotazo en la mesa y luego me señaló con el dedo—. Así que, venga, sigue haciéndome preguntas estúpidas, ¡pero que sepas que no me fío de ti un pelo! Lo digo y lo repito: los abogados sois lo peor que le ha pasado a este país.

La taquígrafa me miró con cara de preocupación.

En ese momento, me cruzaron por la mente mil pensamientos.

En primer lugar, estoy más que acostumbrado a ese estereotipo negativo de los abogados, sobre todo de los que nos dedicamos a daños y perjuicios. Trato de combatirlo al máximo, aunque, todo hay que decirlo: algunos abogados se merecen esa reputación. Así que las bromas ofensivas o los comentarios sarcásticos sobre mi profesión no me pillan de sorpresa. Lo entendía.

En segundo lugar, no lo culpaba por no confiar en mí. No porque yo estuviera tratando de engañarlo, sino porque, en su mente, yo representaba todo lo malo que él creía saber y había oído sobre la ley, los abogados y «el sistema». Por supuesto, no tenía razones para confiar en mí. Lo entendía.

Fue lo de «preguntas estúpidas» lo que me tocó la fibra sensible.

Sé perfectamente que cometo muchísimas estupideces a diario, pero lo que no se puede decir es que haga preguntas estúpidas.

En ese instante me inundó una oleada de ira. Sentí que se me tensaba todo el cuerpo y que se me calentaban las orejas. Me moví nerviosamente en el asiento y percibí que estaba poniéndome a la defensiva. Las preguntas que había planteado hasta el momento apenas habían arañado la superficie. No contenían dificultad alguna ni podían haber suscitado la más mínima incomodidad. «¿Estúpidas? Se va a enterar este tío de lo que es estúpido», pensé. Tenía ganas de empezar a lanzarle pullas sobre su tamaño en relación con su inteligencia. Me veía poniéndolo en su sitio nada más que con un poco de mordacidad. Traté de decirme que, en realidad, su reacción me estaba sirviendo para saber quién era realmente aquel hombre.

Pero ya me había equivocado antes.

Cuando estaba en tercero de primaria, mi colegio puso en marcha un programa de lectura entre compañeros que juntaba a niños con buena capacidad lectora con otros que aún no habían aprendido del todo a leer. Así fue como me pusieron de pareja a Evan. Un par de veces por semana, nos sentábamos en pufs durante nuestra hora de biblioteca y yo escuchaba mientras Evan leía en alto, con gran esfuerzo, libros como *Brown Bear, Brown Bear, What Do You See?*, de Bill Martin Jr.

Evan era mucho más grande que yo físicamente. En aquella época a mí me costaba entender cómo podía ser tan grande y al mismo tiempo leer tan mal. Cuando llegaba a una palabra que no conocía, mi labor era ayudarle a pronunciarla. Pero le seguía costando igual. Así que ideé maneras de explicarle las cosas de otra forma, como asociar palabras con frases fáciles de recordar, o crear sobre la marcha metáforas acudiendo a elementos que hubiera a nuestro alrededor. Empezó a dárseme bien idear truquitos que encajaran con los intereses de Evan para que le fuera más fácil recordar las ideas más difíciles.

A veces hacíamos las sesiones de lectura durante la hora de comer. Mientras yo sacaba de una bolsa marrón con una carita sonriente dibujada a mano lo que me hubiera preparado mi madre ese día, veía que a Evan le traía algún profesor una bandeja de la cafetería.

A Evan no le hacía la comida su madre. También empecé a notar que la ropa que llevaba nunca le sentaba bien, como si fuera tres tallas más grande.

Un día en que estábamos viendo las formas irregulares del verbo «lanzar», traté de ayudarle a hacer asociaciones poniendo como ejemplo la situación en la que su padre le lanzara una pelota.

Evan respondió con voz inexpresiva:

—No sé quién es mi padre.

Recuerdo perfectamente que me quedé sin poder articular palabra. No sabía qué decir. Se me partió el corazón. Más adelante me enteraría de que en aquella época vivía con sus abuelos. Poco después de que Evan naciera, su padre se había marchado de casa; y su madre estaba en la cárcel. Pero en tercero yo era totalmente ajeno a esa realidad. Desconocía por completo las duras experiencias que aquel chaval estaba afrontando. Yo, que tenía un padre y una madre cariñosos que me leían y contaban historias todas las noches, no sabía nada del mundo en el que vivía Evan.

A medida que pasaba el otoño y empezaba el año siguiente, el nivel de lectura de Evan iba mejorando con cada sesión, y al final ya leía sin ayuda. Yo no podía estar más orgulloso. Esta exposición a las dificultades internas de Evan fue otro momento definitorio de mi infancia. Y una lección que nunca he olvidado.

Lanzarle una pulla al gigante de Bobby no ayudaría en nada. Solo serviría para hacer daño, si no a la declaración, desde luego, sí a mi cara. Y, además, necesitaba la información para defender a mi cliente. «Déjalo estar, Jefferson», me dije. Exhalé largamente por la nariz sin decir palabra. Al dejar de tensar los hombros, mis ganas de contraatacar se disiparon.

Y entonces me entró curiosidad por lo desproporcionado de la reacción de LaPray. Que alguien convierta de golpe una conversación de nivel uno en una de nivel diez dice mucho. Y lo que dice es que, en la cabeza de esa persona, está teniendo lugar otra conversación a la que no te ha invitado. Hay algo oculto que ha tomado el control del filtro de esa persona y ahora está manejando sus reacciones. Tú solo estás viendo la punta del iceberg.

«¿Qué otra cosa está pasando aquí? ¿Con quién estoy hablando realmente?». Me propuse averiguarlo.

Dejé pasar unos diez segundos después de sus últimas palabras («los abogados son lo peor que le ha pasado a este país»), sonreí levemente y dije despacio: «Bueno, puede que tenga razón». Esperé otros diez segundos mientras me echaba atrás en la silla y pasaba la vista por la estancia. Cuando estuve listo, me incliné hacia delante y apoyé los antebrazos en la mesa.

—Dígame, por favor. ¿Cuál ha sido el mayor problema que ha tenido que afrontar este año? —le pregunté.

—¿Que le diga qué? —preguntó con tono burlón.

—¿Cuál ha sido el mayor problema que ha tenido que afrontar este año? —repetí.

Ante esa pregunta, a Bobby LaPray le fue desapareciendo lentamente de la cara cualquier rastro de emoción. Se quedó muy quieto. Guardé silencio mientras el hombretón movía los ojos de acá para allá, como si estuviera buscando con ellos las palabras. Al cabo de un momento habló por fin. Las frases le salían a trompicones, entrecortadas y vacilantes; parecía que le daba vergüenza mencionarlo.

—Pues, eh, el mes pasado tuve que llevar a mi madre a una residencia. Mi... mi padre hace ya tiempo que murió, y mi hermano trabaja en una petrolera y lo trasladan mucho. Así que soy el único. El único que está ahí para ayudarla de verdad. Hay mucho papeleo que hacer y cosas legales que no entiendo.

A diferencia del Bobby LaPray que me había estado poniendo de vuelta y media hacía menos de dos minutos, este LaPray era diferente. Al hablar, parecía derrotado, asustado y, de algún modo, más pequeño.

Tras una pausa de unos segundos para asimilar lo que había dicho, respondí con suavidad.

—Lo siento, no puedo ni imaginarme la situación.

Él asintió levemente con los labios apretados.

—Pero lo que sí puedo decirle es que usted es un buen hijo —afirmé mirándolo a los ojos.

De inmediato, Bobby LaPray bajó la cara para evitarme. Sus grandes hombros sufrieron una sacudida. Y, como hielo derritiéndose en una roca, el hombretón se puso a llorar.

Le dije rápidamente a la taquígrafa que dejara de anotar para tomarnos un descanso.

—No se preocupe —lo conforté—. Me voy a quedar aquí sentado con usted.

A través de las lágrimas, Bobby LaPray se desahogó contándome todos sus miedos sobre la salud de su madre. Me habló de las cartas intimidatorias con amenazas de ejecutar la casa de su madre que había estado recibiendo, firmadas por… abogados. Me confesó que los bancos y los organismos públicos le estaban requiriendo todo tipo de cosas que él no entendía. Se sentía impotente. Deseaba que su padre estuviera vivo. Me sentí mal por él. Vivía en un mundo del que yo no sabía nada. Me acordé de Evan.

Bobby LaPray había estado aguantando el peso de todo aquello él solo. Nos quedamos allí sentados veinte minutos hasta que lo soltó todo. Con el permiso de su abogado, le pedí a LaPray su correo electrónico. En la misma sala y con mi móvil, lo puse en copia en un correo que le envié a una colega mía especializada en legislación administrativa y tributaria sobre dependencia y la tercera edad. Ella contestó al cabo de unos minutos accediendo a concertar una cita con Bobby LaPray el lunes siguiente.

—Gracias —me dijo.

—Un placer. ¿Estás bien para seguir? —pregunté.

Bobby suspiró hondamente, se limpió la nariz con la manga y se enderezó.

—Sí —contestó intentando sonreír—, estoy listo.

Y, durante el resto de la declaración hablé con el Bobby LaPray real. Se mostró comunicativo y sus respuestas fueron directas.

Habló con más alegría. Se animó un poco y hasta soltó alguna broma. No volvió a dar la impresión de que estaba a punto de hacerme pedacitos.

—Ya está —dije al fin—. No tengo más preguntas. Gracias por tu tiempo.

Y todos nos pusimos en pie. Me fui hacia la puerta y alargué la mano preparándome para otro apretón mortífero. En cambio, en el último segundo, Bobby LaPray abrió los brazos y me obsequió con un abrazo de oso. No pude más que sonreír y decir:

—Que todo vaya bien.

No miré, pero estoy bastante seguro de que mis pies no tocaban el suelo.

La persona que ves

A lo largo de mi vida he tenido incontables interacciones como la que acabo de describir. A veces la otra persona es Bobby LaPray. En otras ocasiones, Bobby LaPray soy yo. Pero ¿por qué ocurre esto? ¿Cómo es que cuando dejas a un lado la idea de ganar en una discusión acabas consiguiendo más de lo que querías? ¿Por qué conectar con la otra persona termina dándote ventaja? Y ¿cómo puedes aprovechar esa fortaleza cuando te comunicas?

Es fácil creer que la comunicación debería ser clara y simple. Que deberías poder decir: «Estás equivocado», y que la otra persona respondiera inmediatamente: «Pues sí, es verdad, lo estoy»; que si alguien dice: «Estoy bien», la única interpretación posible debería ser que está total e inequívocamente bien; que lo que ves por fuera debería coincidir por completo con lo que ocurre dentro; y que los zapatos siempre deberían entrar como un guante.

Así es como piensas que deberían ser las cosas. Como querrías que fueran.

Pero no son así.

Cuando le dices a alguien que está equivocado, se convence más de que está en lo cierto. Cuando alguien dice que está bien, le pasa justo lo contrario. La realidad no es unívoca. Tengamos, pues, clara la existencia de estos problemas para poder avanzar un poco más y formular el tema central de este libro, que espero que te quede grabado a fuego:

La persona que ves no es la persona con la que estás hablando.

Piensa en un río y las corrientes que existen en sus aguas. En la superficie, tus ojos y oídos perciben las señales físicas de una persona, que dan forma a la percepción que tienes de ella y los juicios que haces sobre ella. Sin embargo, es en lo que ocurre bajo la superficie donde se encuentra su verdad auténtica. Por ejemplo:

- El colega del trabajo que ves está agitado y se muestra impaciente. El colega con el que hablas no durmió bien anoche porque le preocupa su hermano, a quien quiere convencer para que vaya a rehabilitación.
- La cajera que ves está dispersa y no presta atención. La cajera con la que hablas está preocupada porque no sabe si podrá permitirse comprarles a sus hijos el material escolar del nuevo curso.
- El cónyuge que ves está tenso y salta a la mínima. El cónyuge con el que hablas ha tenido un día horrible en el trabajo, empezando por el correo de un cliente maleducado.

O, en mi caso, el hombretón que veía era agresivo y estaba a la defensiva. El Bobby LaPray con el que hablaba, en cambio, se sentía solo y estaba preocupado por su madre. Con quien realmente hablas es con esa otra persona —la que no conoces—, y es a ella a quien tienes que llegar cuando el conflicto empiece a apretar. Comprender que hay algo más bajo la superficie es una cosa, pero averiguar cómo conectar con esa parte más profunda es otra. ¿Cómo vas a arreglártelas para llegar ahí?

La lucha que oyes

Cuando Bobby dijo que mis preguntas eran estúpidas, todo dentro de mí quería demostrarle que estaba equivocado. En ese instante, mis necesidades se pusieron por delante de las necesidades del caso. Mi deseo de que se reconociera que yo tenía razón me cegó ante cualquier otra opción. Quería ganar. Eso es lo que se esperaba de mí.

—Ah, ¿eres abogado? Seguro que sueles ganar en las discusiones, ¿eh?

Lo oigo todo el tiempo. Y no es cierto.

Por culpa de los incontables libros que se han publicado para enseñar a ganar en cualquier discusión, mucha gente piensa que eso es lo que se supone que tiene que hacer. Ganar. Pues voy a decirte una cosa. Si esa es la razón por la que estás leyendo este libro, ve ahora mismo a devolverlo. Se ha magnificado la importancia y la necesidad de ganar en una discusión. Este libro no va sobre eso, y voy a decirte por qué.

En primer lugar, puedes ganar en una discusión aunque no tengas razón.

Y, en segundo lugar, incluso aunque ganes, tendrás las manos vacías.

Ganar en una discusión es una causa perdida. Significa que seguramente has perdido algo más valioso: la confianza y el respeto de la otra persona, o, peor aún, la conexión. La única recompensa que habrás obtenido es su animadversión.

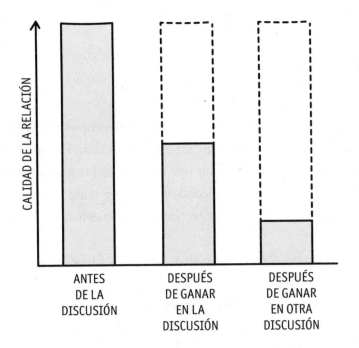

¿Y por qué? La discusión se acaba. La conversación ha tocado a su fin. Has ganado, felicidades. ¿Y ahora qué tienes? La misma cuestión sin resolver, junto con los sentimientos heridos y el silencio incómodo de la otra persona. Lo más seguro es que aún necesites encontrar el modo de comunicarte con ella. Seguirás teniendo que vivir con ella, trabajar con ella. En función de lo que hayas dicho, quizá ahora seas tú quien deba ofrecer una disculpa. Cualquier sentimiento de orgullo herido es de corta duración, comparado con el daño permanente que se puede hacer a una relación.

Otra cosa que cabe destacar es que, en los juicios, lo abogados no ganan o pierden discusiones. Para empezar, no eligen los hechos del caso. Tampoco eligen la ley aplicable. Todo tiene que pasar por un filtro de admisibilidad. Después, le toca al juez o al jurado aplicar la ley a aquellos hechos que se hayan demostrado que son ciertos. No se trata tanto de ganar una discusión como de dar voz a los hechos.

La competitividad en la comunicación ha convencido a la sociedad de que el mundo se divide entre los que tienen razón y los que no la tienen, entre los ganadores y los perdedores. Tras un debate político, lo primero que pregunta la gente a la mañana siguiente es: «¿Quién ganó?». Pero si nos retrotraemos a la época de los antiguos griegos, los discursos no tenían nada que ver con ganar. Los debates sobre cuestiones controvertidas eran un vehículo para buscar la verdad. Se exponían las debilidades de la argumentación de la otra persona para poder fortalecerla y refinarla, no para descartarla. Se sabe que los debates duraban días, hasta semanas, a fin de dar a cada persona el tiempo necesario para obtener perspectiva y explorar los puntos controvertidos.

Hoy la tendencia es a hacer justo lo contrario. En lugar de permitir que el desacuerdo te abra a aprender de la postura del otro, te cierras en banda. En lugar de refinar tus conocimientos, los enarbolas como una amenaza. Corremos a las redes sociales como si fueran nuestro megáfono personal para vocear lo mucho que discrepamos.

Contesta con sinceridad. ¿Cuántas veces te ha hecho cambiar de opinión la lectura de una publicación que criticase tu punto de vista? ¿Y cuántas veces algo que tú hayas subido que criticase la opinión de otra persona le ha hecho cambiar de opinión? Nunca. El mundo gira, el ciclo de las noticias sigue su curso, y al día siguiente a nadie le importa. Entonces ¿qué? ¿Qué has demostrado?

El modo más rápido de perder tu paz mental es darle a alguien una parte de ella. Si vences a otra persona en una discusión, puede que alimentes tu ego, pero seguirás quedándote con hambre. Y prácticamente nunca te llevará a mejorar tu vida. Es una cuestión tan importante que necesito decirte la verdad:

No ganes nunca en una discusión.

Tu objetivo nunca es ganar, se trate de una discusión, un debate acalorado o una fricción leve en una conversación. Tu objetivo es desenredar. Comienza por los cabos sueltos hasta que llegues al meollo del asunto. Allí será donde encontrarás el nudo.

Este es un libro de nudos. Trata de los aspectos difíciles de las relaciones sociales que, reconócelo, preferirías saltarte. Deshacer nudos lleva tiempo, requiere emoción y esfuerzo. Eso es lo que representa el conflicto en la comunicación: una lucha.

Una discusión es una ventana a la lucha de otra persona. En toda conversación difícil hay un momento en el que alguien —tanto si eres tú como si es la otra persona— se topa con un obstáculo. Puede que no entiendas lo que está intentando decirte tu interlocutor. Puede que estés de mal humor. Puede que discrepes. No es solo un choque de opiniones, sino de mundos, de la forma de ver las cosas. Cada palabra brusca o desabrida tiene una razón de ser, una historia detrás. Y si logras tener la disciplina necesaria para llegar a ella, si eres capaz de ir separando las capas de la discusión para discernir la lucha, el miedo o la esperanza que se ocultan debajo, en ese punto dará inicio la comunicación real.

Porque, en última instancia, no se trata tanto de la discusión como de mirar por el ojo de la cerradura el mundo de la otra persona y darte cuenta de que quizá, solo quizá, lo de querer ganar no es lo que necesitabas al fin y al cabo.

El reto que debes asumir

La mayoría de la gente entiende que el éxito se alcanza cuando se empiezan a ver los fallos no como reveses, sino como escalones. Aceptar los fracasos forma parte del proceso. Aprendes de tus errores y te haces más fuerte. Pasa igual con los fallos al comunicarse, tanto en caso de desacuerdos como de discusiones. Te conducen al éxito porque revelan áreas de mejora y te permiten ver cómo enriquecer tus interacciones. Cuanto más importante sea la conversación, mayor es la necesidad de manejar el conflicto de manera efectiva. Si se hace bien, el conflicto no es una pelea, sino una oportunidad. Es un catalizador para lograr una conexión real y significativa siempre que estés dispuesto a verlo así.

¿Qué experiencias vitales han dado forma a la manera en que ves el conflicto?

En la infancia gritar «¡No!» con actitud desafiante o bombardear a los adultos con un «¿Por qué?» detrás de otro era tu manera de averiguar cosas. Causa y efecto. En la adolescencia esas reacciones infantiles simples se convirtieron en preguntas más complicadas que te permitieran encontrar tu lugar y tu identidad aparte de tu familia. La ropa que llevabas, la música que escuchabas, hasta la pandilla con la que ibas eran afirmaciones de quién querías ser. Al entrar en la edad adulta, las discrepancias ya no tienen que ver con la afirmación de tu personalidad, sino más bien con cómo coexistir con otra gente. Tus conversaciones empiezan a girar en torno a temas como los niños, la trayectoria profesional o la hipoteca, qué aspiradora comprar o si ese mueble que has encontrado en el garaje de tus padres aún tiene la estructura en buen estado. Cuando eres adulto, cambia lo que está en juego. Tus responsabilidades aumentan; tienes que pensar colectivamente porque ahora eres responsable de otras personas además de ti mismo, como tus padres que se hacen mayores o tus hijos. Te interesas por cuestiones más amplias como la política, la actualidad o los asuntos internacionales.

A pesar de la edad, puede que las cosas parezcan cada vez más inciertas. Cuando esto ocurre, tiendes a aferrarte a lo que ya conoces: las experiencias que has vivido y los comportamientos que has ido adoptando a medida que crecías.

Pregúntate: ¿Cómo influyen las discusiones que veía en mi infancia en la forma en que discuto hoy?

Si gritar y mostrarse agresivo era el método que se usaba en tu casa para afrontar los conflictos, puede que pienses que así es como se hacen las cosas, incluso aunque sepas que no es el mejor modo de trasladar a los demás tu opinión. Por el contrario, si en tu familia, a la hora de discrepar, todo el mundo se andaba con rodeos para guardar las apariencias o evitaba las conversaciones por miedo a lo que pudieran pensar los vecinos, podría resultarte incómodo meterte de cabeza en una discusión.

Recuerdo una vez en que, siendo niño, me quedé a dormir en casa de un amigo durante el verano. Sus padres se enzarzaron en una pelea a voz en grito delante de nosotros, con portazos incluidos. Recuerdo que me causó mucha angustia. Yo crecí con padres que hablaban las cosas en voz baja en su habitación o esperaban a que los niños estuviéramos durmiendo para mantener una discusión. Siempre lo hacían en privado. Por eso, al ver a los padres de mi amigo, estaba seguro de que asistía al inicio de un divorcio. En cambio, mi amigo ni siquiera pestañeó. Para él era un típico martes por la noche.

Cuando mires atrás, puede que no te entusiasme el modo en que se gestionaba el conflicto a tu alrededor. Quizá tengas malos recuerdos de discusiones en las que tus seres queridos sacaban lo peor de sí mismos. Puede que estés atrapado en una dinámica que recree sus palabras o sus actos, incluso en cosas pequeñas como el modo en que mueves las manos o el tono de voz. Puede que hayas llegado a un punto en tu trayectoria en el que estés empezando a darte cuenta de que lo que veías no era sano. Y que no puedas evitar preguntarte si las cosas te habrían sido más fáciles en la vida si hubieras visto formas mejores de afrontar el conflicto.

Si te encuentras en estos casos, quiero pedirte que asumas el reto y rompas el ciclo.

Deja de ver las discusiones como situaciones en las que tienes que ganar y empieza a considerarlas como oportunidades de comprender a la persona que hay tras las palabras. Deja de escuchar solo lo que se dice y comienza a escuchar lo que se siente.

Desarrolla la disciplina de conectar con la persona que tienes delante.

Acepta los fallos de comunicación y aprende de ellos. Alcanza el éxito usando cada error como una piedra de paso y haz sitio para cosas más positivas y reales en tu vida, como un abrazo de oso de un hombre que hacía un momento quería lanzarte por los aires.

También es muy probable que los temas que voy a tratar en las siguientes páginas no sean nuevos para ti. Puede que ya sepas que deberías hablar con autoconfianza y controlar tus emociones, que deberías evitar ponerte a la defensiva. Tu duda es: «Sí, pero ¿cómo lo hago?».

Bueno, todo tiene que ver con lo que digas a continuación.

RESUMEN DEL CAPÍTULO

- ✓ La persona que ves no es la persona con la que estás hablando. Cada persona tiene una superficie y un fondo. A menudo, las emociones que oyes en la voz de una persona no son deseos de discrepar, sino de conectar.

- ✓ No aceptes la mentira de que necesitas ganar una discusión. Cuando lo que buscas es ganar, tiendes a perder mucho más, como la confianza o el respeto de la otra persona. Por el contrario, considera las discusiones como ventanas que te permiten ver la lucha interna de tu interlocutor.

- ✓ El conflicto puede ser un catalizador de cambios positivos en tu vida. Para aprovecharlo, debes tener la voluntad de conectar con la persona que tienes enfrente.

- ✓ Si conviertes los conflictos en conexiones, sentarás las bases de una vida más gratificante y llena de sentido. Lo único que necesitas está en lo que digas a continuación.

2
Tu próxima conversación

Se oye la alerta de mensaje de tu móvil.

Lo coges y ves unas palabras que no esperabas: «Si quieres, podemos hablar».

Es un amigo. Al menos, así es como lo consideras tú. Hace unas semanas os peleasteis, le llamaste egoísta y le dijiste que tenía afán de protagonismo. Él te dijo que te gustaba menospreciar y controlar a los demás. Ninguno de los dos quisisteis ceder y tender puentes. Pero tenéis tantos amigos en común que es imposible no encontraros todo el rato, a pesar de lo cual seguís sin hablaros. La verdad es que ha llegado a ser bastante incómodo.

Al releer el mensaje, casi te sientes como si hubieras ganado el pulso, pero lo cierto es que tú estabas dispuesto a hablar la semana pasada. Ahora estás dispuesto a dejar tu orgullo a un lado. «Sí, yo también quiero hablar —le respondes—. ¿Comemos mañana?».

Al cabo de unos segundos, tu amigo responde: «Vale. Hablamos».

Pasamos al momento en que tu amigo y tú estáis sentados a la mesa comiendo. Después de charlar de cosas sin importancia, eres tú quien rompe el hielo.

—Me dolió mucho lo que dijiste.

—¿Que te dolió? —pregunta tu amigo con tono acusatorio.

—Sí, me dolió mucho lo que dijiste. Y parece que te da igual. Tu amigo casi te corta.

—Bueno, no lo habría dicho si tú no hubieras reaccionado como lo hiciste.

«Espera —te dices—. Esto no es lo que debería estar pasando. No es lo que deberíamos estar diciéndonos». Te habías imaginado a tu amigo disculpándose y dándose cuenta de lo mal que se había portado. Empiezas a menear lentamente la cabeza, abres los orificios de la nariz y frunces las cejas. «¿Quieres ir por ahí? Vale».

Contraatacas.

—¿Yo? No. Fuiste tú el que empezaste.

Tu amigo responde rápidamente.

—Me hace gracia que…

Y ya está liada.

La conversación vuelve al punto en que lo dejasteis hace semanas. Te dices: «Esto ha sido un error. Qué idiota he sido pensando que haría otra cosa que no fuera pensar en sí mismo». Aun así continúas discutiendo. Sabes que probablemente deberías ceder en algo para tratar de salvar la conversación, pero no. Ahora es una cuestión de principios. «Tengo razón», te recuerdas. Tu amigo está todo el rato pensando y sintiendo exactamente lo mismo que tú. Al cabo de unos minutos de toma y daca, tu amigo dice: «¿Sabes qué? Olvídalo. Sabía que iba a ser una pérdida de tiempo». Y se marcha.

Te quedas allí, con la comida a medias y la cuenta por pagar. Se te ha quitado el apetito. Te preguntas si esa amistad se ha acabado para siempre. Te preguntas si acaso te importa. Pero, en cuanto tienes ese pensamiento, te das cuenta de que sí que te importa y que no estás dispuesto a rendirte.

Desearías haber dicho las palabras correctas.

El poder de una nueva conversación

Lo único que está garantizado en la comunicación con los demás es que en algún momento meteremos la pata. La buena noticia es que no es permanente. Por eso tu próxima conversación suele ser más importante que la anterior.

Una nueva conversación puede cambiarlo todo.

Sí, las conversaciones iniciales son importantes, igual que la primera impresión que causas al conocer a alguien. Pero es la siguiente conversación la que pone a prueba si tu primera impresión será duradera. En esa entrevista de trabajo, esa primera cita, esa reunión inicial todo el mundo tiene la guardia alta. Todo el mundo se comporta del mejor modo posible. Con el tiempo, el brillo se apaga y la persona a la que creías conocer puede convertirse en alguien completamente distinto. A ese nuevo fichaje que tanto prometía resultó que se le daba fatal trabajar en equipo. Esa persona que te gustó lo bastante para una segunda cita dice algo que lleva a que no haya una tercera. ¿Y esa reunión donde todo el mundo dijo que le gustaba tu plan? Al final a nadie le entusiasmaba mucho. En las conversaciones siguientes la gente tiende a sentirse más cómoda para decir lo que en un principio callaron a fin de guardar las formas. Por eso, las siguientes conversaciones pueden acercarnos más a la verdad.

También pueden ser curativas. Pensemos, por ejemplo, en una discusión acalorada. Al aumentar la tensión, las dos personas se ponen a gritar. Después de gastar la suficiente energía, el ímpetu inicial disminuye. Puede ser cuestión de minutos o quizá incluso de años, pero, en última instancia, encontrarán el modo de tener una nueva conversación. Esa segunda vez, tratarán de elevar menos el tono de voz y de controlar sus reacciones, o dirán cosas como «Lo que quería decir era...». Los dos quieren arreglar las cosas. Una nueva conversación puede beneficiarse de la mirada retrospectiva y la reflexión, de la comprensión de lo que faltaba en la primera. Hay muchas cosas que puedes hacer en una nueva conversación: replantear las cosas, disculparte, reírte de la anterior vez.

Todo esto ya lo sabes.

Una de las razones por la que quizá estés leyendo este libro es que ya hayas tenido muchas conversaciones —demasiadas— con esa persona difícil de tu vida. Estás aquí porque necesitas saber cómo abordar la siguiente. ¿Cómo será tu próxima conversación? ¿Qué conversación necesitas tener, pero aún no ha ocurrido? Mientras lees este libro, planea la aplicación de los métodos que se van exponiendo a las distintas oportunidades de comunicación de tu vida.

En esa nueva conversación cabe todo lo que quieres decir y cómo lo quieres decir.

Por qué necesitas que tus conversaciones tengan objetivos

Hay, sin embargo, algo que debes tener en cuenta en esas nuevas conversaciones: no te fíes de cómo te las imaginas en tu cabeza.

Por muchas veces que ensayes esa charla difícil con tu amigo, las cosas podrían no salir como querías. ¿Por qué ocurre eso? ¿Por qué las conversaciones funcionan tan bien en tu mente, pero luego descarrilan en la vida real?

La respuesta es que te habías marcado una meta que solo podía llevarte a la decepción.

Aunque suene raro decirlo, cuando eliges metas que no son realistas o manejables, estás esperando demasiado de la otra persona y de ti mismo. Estás poniendo el listón demasiado alto, empezando la casa por el tejado.

En lugar de decirte: «Tengo que arreglarlo todo ahora mismo» o «Todo tiene que volver a ser exactamente como era antes», plantéate un objetivo más factible. Puede ser tan simple como «Quiero oír su punto de vista sin ponerme a la defensiva» o «Quiero escuchar sin interrumpir». En lugar de pedir la Luna, da un paso pequeño hacia un mejor entendimiento mutuo.

En el nivel más básico, tus objetivos para todas las conversaciones deberían estar en consonancia con esta actitud:

Tengo algo que aprender, no algo que demostrar.

Cuando te fijas objetivos más pequeños y alcanzables, centrados en aprender, en lugar de en demostrar, es más probable que tengas conversaciones productivas que lleguen a ser fructíferas.

CUANDO
TU CONVERSACIÓN
TIENE METAS

Volvamos al ejemplo de la comida con tu amigo. Antes de sentarte a la mesa, no tenías idea realmente de lo que querías del encuentro. Bueno, aparte del hecho de ver a tu amigo confesando que tú tienes razón al cien por cien y que él estaba equivocado al cien por cien. Solo cuando notaras que tu amigo iba a empezar a arrastrarse a tus pies, te habrías dignado a aceptarlo de nuevo en tu redil, mostrando lo indulgente que eres.

Sí, pero eso no va a pasar nunca.

Embarcarte en una conversación difícil sin un plan preconcebido y limitarte a esperar un resultado perfecto a tu favor es la mejor manera de asegurarte una decepción. Para crear un cambio auténtico hay que abordar las conversaciones difíciles con unas metas claras y realistas en mente, sobre todo realistas.

Compara los siguientes objetivos fantasiosos con otros que sí están al alcance:

- Objetivos no realistas:
  - Esperar una disculpa inmediata y un reconocimiento de que tú tenías razón.
  - Esperar que la otra persona acepte tu opinión sin cuestionamientos.
  - Creer que con una conversación se solucionarán todos los demás problemas subyacentes en la relación.
  - Asumir que la conversación llevará a la otra persona de manera natural a verlo todo desde tu perspectiva.
  - Pensar que el interlocutor cederá en todos y cada uno de los puntos que quieres que ceda.

- Objetivos realistas:
  - Asegurarte de que la otra persona sepa que te importa.
  - Comprender mejor sus motivaciones.
  - Estar de acuerdo en dar pasos para mitigar o eliminar la recurrencia de vuestro problema.
  - Reconocer los sentimientos de la otra persona sin juzgarlos.

- Terminar la conversación con la sensación de que tu interlocutor te ha escuchado, incluso aunque no hayáis llegado a ningún acuerdo.

¿Ves la diferencia?

Tienes cero probabilidades de que la otra persona acepte ciegamente tu punto de vista. Sin embargo, nueve de cada diez veces alcanzarás una comprensión mejor del punto de vista del otro. Al fijarte metas realistas, estás situando la conversación en un contexto de expectativas realizables. Para dar con el objetivo de tu nueva conversación, prueba a hacerte preguntas como las siguientes:

1. Si tuviera que elegir solo una cosa que necesito que entienda la otra persona, ¿cuál sería?

2. ¿Qué pequeño paso puedo dar para demostrar a la otra persona que la he escuchado?

3. ¿Qué cosas estoy dando por sentadas?

4. ¿Cómo puedo mostrar mi agradecimiento por tener esta oportunidad para hablar?

5. ¿Hay algún punto del asunto en el que esté intentando quedar por encima?

Contestar estas preguntas te ayudará a formular los objetivos de la conversación, aunque eso es solo la mitad de la faena. Estamos únicamente fijando la meta, pero también necesitamos los medios de llegar a ella.

Por qué necesitas que tus conversaciones tengan valores

Los valores son la brújula de las conversaciones y garantizan que discurra en la dirección que crees verdaderamente importante, satisfactoria y significativa. Sea cual sea el tema de la discusión, tus valores siempre te dirigirán a tu norte verdadero. Más que poner el énfasis en la otra persona, responden a la pregunta: «¿Cómo me voy a mostrar?», es decir, cómo quieres que te vean cuando acabe la conversación.

Pongamos un ejemplo. Digamos que la meta de la conversación es sentir que te escuchan, y tu valor es la sinceridad. Al final de la charla, la otra persona te pregunta: «Entonces ¿todo bien entre nosotros?». Lo normal es que tiendas a decir rápidamente que sí para acabar con el asunto. Sin embargo, puede que en el fondo sigas sin sentir que te han escuchado. En lugar de apresurarte a decir un sí superficial, puedes responder: «Valoro lo que me has contado y entiendo tus motivaciones, pero sigo sin sentirme escuchado/a». Al respetar el valor de la sinceridad, te aseguras de conseguir tu meta a la vez que no te defraudas a ti mismo.

Los valores proyectan la imagen de quién eres y lo que defiendes. En las conversaciones, también dan forma a los comportamientos que influyen en cómo escuchas, respondes e interactúas. Cuando tu manera de conversar está en consonancia con tus valores, estás preparado para conseguir tu meta incluso antes de que empiece la conversación.

Piensa en las veces en que más te has sentido tú mismo a lo largo de tu vida. No tiene por qué ser tu momento más feliz. Quizá fue ese día en el que ayudaste a alguien o defendiste algo. Reflexiona sobre los valores que expresaste. ¿Fue la compasión? ¿La justicia?

¿La ecuanimidad? Piensa en los valores de tus amigos más íntimos que te parecen importantes.

Un ejercicio fácil que te puede ayudar a encontrar tus valores personales es hacer una pequeña encuesta a la persona que mejor te conoce, como un amigo íntimo, tu pareja o algún miembro de tu familia. Haz a esta persona cada una de las siguientes preguntas y anota la respuesta:

1. Según las conversaciones que tengo a diario, ¿qué cosas crees que me parecen importantes en la vida?

2. ¿Cuáles son las tres palabras que usarías para describir mi carácter a alguien que no me conozca?

3. ¿Con qué temas de conversación me entusiasmo más?

4. ¿Qué cualidad me parece más importante en las amistades que tengo?

5. ¿Qué emoción te gustaría que mostrara más?

No hay respuestas correctas o equivocadas, aunque algunas podrían sorprenderte. La encuesta es simplemente para poner el foco en la imagen que proyectas en el mundo en este momento. Teniendo en cuenta estas opiniones, dedica tiempo a reflexionar sobre quién quieres ser, por qué aspectos quieres que te conozcan y qué cosas buenas quieres ofrecer al mundo. Podría llevarte varias horas o incluso uno o dos meses interiorizar e identificar tus valores personales. No pasa nada. Es un tiempo que merece la pena invertir. Y ten en cuenta que no hace falta definir los valores con una sola palabra. También pueden expresarse en frases enteras. Ha de ser algo que tenga sentido para ti. Para que te hagas una idea, aquí van algunos míos:

- Si hay espacio para la amabilidad, lo usaré.
- Hacer saber a la gente quién soy sin necesidad de pronunciar mi nombre.
- Si no puedo ser un puente, seré un faro.

Mis valores personales ponen de relieve las cosas que, por mi manera de ser, considero importantes. Por ejemplo, la amabilidad me hace pensar en mi madre, en el modo en que ella trata a todo el mundo. Es más, quiero tratar a los otros con amabilidad independientemente de su comportamiento. Quiero que mis actos digan más que mis palabras. Y quiero ser una fuente permanente de luz, un lugar seguro al que volver, incluso aunque las soluciones no sean posibles de inmediato.

Y ahí está la cosa. No es necesario angustiarse por qué decir o cómo decirlo. No hace falta estar anticipando si la otra persona se merece probar su propia medicina. Tus valores toman por ti las decisiones más duras. Cuando tu forma de comunicarte está en consonancia con tus valores, aumenta la probabilidad de que alcances tus metas y de que cuando vengan los tiempos difíciles, asome tu yo real. Pero eso significa que el trabajo duro tiene que hacerse antes de abrir la boca.

¿Todo entendido? Muy bien. Ahora vamos a rebobinar.

Se oye la alerta de mensaje de tu móvil.

Lo coges y ves unas palabras que no esperabas: «Si quieres, podemos hablar».

Después de quedar con tu amigo para comer mañana, decides cómo vas a afrontar la cita. En lugar de esperar de manera pasiva a que la conversación transcurra como por arte de magia a tu favor, o que tu amigo vea de repente la luz, dedicas tiempo a pensar en una forma proactiva de abordarla. Te fijas el objetivo de comprender mejor la postura de los dos. Eliges como valor guía la gratitud, el agradecimiento que sientes por este amigo y las experiencias que habéis compartido. Ya estás listo para una repetición.

Cuando os sentáis, dices:

—Gracias por quedar conmigo.

—Hombre, es lo que quería —responde tu amigo.

Marcas la dirección de la conversación.

—Podría haberlo hecho mejor.

—Y yo —responde tu amigo.

Un poco más tranquilo, y con tu meta y tus valores en mente, tomas aire y continúas.

—¿Qué es lo que no supe ver?

Y, durante veinte minutos, tu amigo te confiesa sus inseguridades sobre cosas de las que no tenías ni idea, cosas que, si hubieras aprovechado la oportunidad de averiguar, no os habrían llevado al punto en el que estáis ahora.

No interrumpes. No rebates ni justificas. Solo escuchas.

Al sentirse escuchado y aceptado, tu amigo se relaja.

—¿Te puedo contar lo que yo vi, desde mi punto de vista? —preguntas.

—Sí, creo que podría ayudarme —contesta tu amigo.

En poco tiempo, vuestro desencuentro es agua pasada y continuáis poniendo en común vuestros sentimientos y perspectivas.

Cuando te toque abordar tu segunda oportunidad para una conversación, no te fíes solo de cómo te has imaginado que iría. Sé realista. Actúa con intención. Estas preguntas te ayudarán:

1. ¿Cuál es mi objetivo en esta conversación?
2. ¿Cuál de mis valores necesito para alcanzar ese objetivo?

Al tener en mente los objetivos de la conversación y tus valores, sitúas la conexión al alcance. ¿Con quién será tu próxima conversación? ¿Qué conversación necesitas tener, pero aún no has tenido? En lugar de intentar resolver todos tus problemas del tirón, céntrate en una conversación más pequeña, más manejable. Luego, más tarde, ten otra. Y otra más, hasta que consigas conectar. Aprovecha el poder de esa nueva conversación.

Toda relación fuerte se construye sobre esta mentalidad, en la que el fin no es ganar, sino conectar, compartir y crecer juntos, día tras día, año tras año. Haz que la nueva conversación sea una oportunidad para practicar esta claridad de objetivos y valores.

RESUMEN DEL CAPÍTULO

✓ Tu primer paso hacia la conexión es muy fácil: está en tu próxima conversación.

✓ Si crees que una conversación difícil irá exactamente como te la has imaginado, acabarás con una buena decepción.

✓ No lo esperes todo de una sola conversación. Baja las expectativas y adopta la actitud de querer aprender, en lugar de querer demostrar algo.

- ✓ Fíjate objetivos realistas para la conversación, orientados a comprender mejor, en lugar de a conseguir victorias rápidas (y nada realistas). Respalda tus objetivos con tus valores, es decir, las reglas que seguirás, para asegurarte de que te muestras como quien realmente eres.

3

La verdad sobre la conexión

Hace tiempo mi madre me mandó inesperadamente un mensaje de texto al móvil preguntándome por el Nissan blanco de la familia. Yo lo había usado mientras estudiaba Derecho y luego lo habían utilizado también mis hermanos. Estaba aparcado fuera de la casa de mis padres y yo llevaba años sin entrar en ese coche para nada. Este es el intercambio de mensajes literal:

> MAMÁ: ¿Sabes cuántos kilómetros tiene el Nissan blanco?
> YO: No, madre.
> MAMÁ: ¿No tienes ni idea de los kilómetros?
> YO: No, madre.
> MAMÁ: Vale, pensé que sabrías cuántos kilómetros tenía el Nissan blanco.
> YO: Mamá, cómo quieres que te lo diga. No sé cuántos kilómetros tiene el Nissan blanco.
> MAMÁ: De acuerdo, Jefferson. Tampoco hace falta que te pongas así.

La verdad es que me entró la risa. Menos mal que no la tenía delante. La llamé casi de inmediato para hacer lo que resultaba imposible con los mensajes: transmitirle mi tono alegre, dejarle clara mi sinceridad y ofrecerle una disculpa sincera.

¿Has tenido alguna vez una conversación de texto que haya empezado de repente a convertirse en una discusión cuando ni siquiera estabas enfadado? O ¿has interpretado alguna vez el tono de alguien o sus sentimientos hacia ti basándote en un correo electrónico o un mensaje online? ¿Por qué, a pesar de toda esta tecnología para facilitar la comunicación, parece más difícil que nunca?

La respuesta es que no estás conectándote a un nivel que exprese matices emocionales. Sin embargo, esperas ese resultado a pesar de que solo estás transmitiendo píxeles organizados para mostrarse en forma de palabras.

Vivimos en un mundo de transmisión, no de conexión.

La auténtica conexión implica que la información se comparte de manera profunda. Se utiliza un tono concreto y existe un contexto. Toca tus necesidades más profundas de apego, comprensión y expresión.

La transmisión de información realizada por medios como mensajes de móvil, de correo electrónico y similares se centran en enviar y recibir señales a través de un medio frío. Es algo transaccional, un mero procesamiento y traslado de datos. Esta transmisión de información es eficiente, no cabe duda, pero indiferente a la comprensión y la autenticidad.

A diario se pueden ver los problemas que presentan estas transmisiones. Es la razón por la que la gente escribe en los comentarios de las redes sociales cosas que nunca diría a alguien a la cara. También es el motivo por el que los mensajes de móvil y los correos electrónicos se pueden malinterpretar fácilmente, y por el que la gente se siente protegida detrás de un teclado. En estas transmisiones la conexión humana está ausente.

¿Oyó mi madre los mensajes en forma de palabras en su cabeza? Los leyó, claro. Pero, para saber su significado real, también necesitaba oír mi voz.

No me malinterpretes. La interacción a distancia de la que podemos hacer uso hoy en día tiene, por supuesto, su propósito en el panorama digital actual. Lo que no hay que pensar es que la transmisión pueda sustituir a la conexión, porque no es así. Es como pensar que leer una partitura va a provocar la misma sensación que oír a una orquesta interpretarla, o que la descripción de un atardecer te va a hacer sentir lo mismo que verlo con tus propios ojos. La transmisión aporta información, pero la conexión le insufla vida.

Lo que necesitamos es sentir la calidez de una sonrisa, no ver un emoticono.

¿Qué es la conexión?

Reconozco que la palabra «conexión» puede estar un poco manida. Suena muy bien, es cierto, pero ¿qué significa realmente?

A un nivel básico, es un término «elegante» para expresar que entendemos y reconocemos a la otra persona. Podemos pensar en él como en un autenticador de dos factores. Para conectar, no se puede tener el uno sin el otro. Si te comprendo, pero tú no lo notas, entonces no habrá conexión. Y si acuso recibo de lo que estás diciendo, pero no lo entiendo, tampoco. Para conectar hacen falta tanto el proceso interno de la comprensión como el externo del reconocimiento.

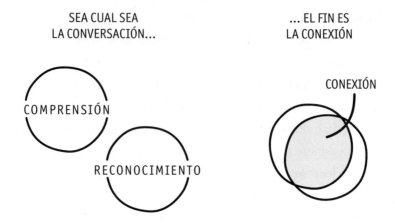

Para mí, la conexión implica que has decidido «arremangarte» y acercarte a la conversación por lo que es, en lugar de por lo que quieres que sea. Aunque te haga saber que te he escuchado y te entiendo, puedo no estar de acuerdo con lo que has dicho. Aunque te haga saber que te he escuchado y te entiendo, puedo seguir enfadado, dolido o triste contigo.

Me acuerdo de que, siendo adolescente, cuando me enfadaba por algo que me parecía injusto y expresaba mi discrepancia, mi padre siempre me decía: «No tiene por qué gustarte. Solo hace falta que lo entiendas». En aquel entonces, como podrás imaginar, aquello no me encajaba. Sin embargo, al ir madurando, empecé a ver la sabiduría que encerraba aquella frase. Mi padre me estaba dando el espacio necesario para estar en desacuerdo. Estaba asegurándose de conectar conmigo para que yo entendiera el porqué.

La gente oye la palabra «conexión» en relación con el conflicto y a menudo la asocia con la conversión de aspectos negativos en positivos, como si siempre estuviera relacionada con cosas alegres y momentos felices de película. Pero las cosas no son así en el mundo real. La conexión es tanto positiva como negativa. Canaliza tanto lo feliz como lo triste, lo fácil como lo difícil. Abarca los dos aspectos. No se puede elegir el resultado de una conversación. Solo se puede elegir si uno intenta conectar.

Y hay otra verdad: a veces la opción correcta es justamente no conectar. A veces la respuesta es justo la desconexión. No todas las conversaciones necesitan conexión. Quizá hayas oído hablar de la conexión en el sentido de encontrarse con alguien «a su nivel» o «en el punto en el que está». Discrepo de esta regla estricta, pues hay algunas interacciones en las que no debemos encontrarnos con el otro ni cerca de su nivel ni a miles de kilómetros de él. Porque hay gente que no quiere que se le acerquen. Y eso no es un fallo tuyo, sino que debe llevarte a ser prudente.

Gran parte de lo que se escribe sobre comunicación hoy en día gira en torno a la idea de que se supone que debes propiciar conversaciones fáciles de las que todo el mundo vaya sintiéndose feliz y cómodo. Sin embargo, la comunicación sincera no tiene nada que ver con la felicidad y comodidad. La conexión a veces implica tener conversaciones que van a ser incómodas. Lo que necesitamos es desarrollar el control y la confianza para tenerlas igualmente.

Tres maneras en que se corta la conexión

En teoría, la comunicación debería ser simple. Yo digo algo, tú lo entiendes y dices algo a tu vez, y yo lo entiendo. Chupado, ¿no? Buf... La comunicación diaria está plagada de problemas: malas interpretaciones, interrupciones, ponerse a la defensiva, reaccionar exageradamente... Algunas personas no son conscientes de estos problemas que afectan a su vida. Otras simplemente no saben superarlos sin causar más problemas o no tienen la costumbre de hacerlo. Cuando algo falla en la comunicación suele deberse a uno o más de los siguientes aspectos que cortan la conexión.

Corte 1: Falta de autoconciencia

Durante una discusión acalorada, ¿alguna vez te han preguntado: «Pero ¿tú oyes lo que estás diciendo?»? La respuesta es que no, no te estás oyendo.

Y lo digo totalmente en serio: no te oyes. El sonido que oímos en la cabeza cuando hablamos proviene de las vibraciones de los huesos. Las vibraciones de las cuerdas vocales suben al cráneo, penetran en el oído interno y hacen que la voz se oiga más grave y con más cuerpo. El sonido que oyes cuando escuchas una grabación de tu voz proviene de ondas que han viajado por el aire. Por eso, si alguna vez te has visto en vídeo o has oído una grabación de tu voz, al ser más fina o aguda de lo que te esperabas, puede que hayas pensado: «¿Esa es mi voz? ¿Así es como sueno?». Y es que tú no te oyes así cuando hablas.

Por tanto, no debe sorprenderte que, desafortunadamente, no seas consciente de lo que los demás ven, oyen o experimentan cuando hablas; del volumen de tu voz, tus tics o tus coletillas. ¿Alguna vez te ha dicho alguien que no le gustaba el tono que estabas empleando cuando tú creías que era perfectamente normal? ¿O que estabas gritando cuando tú creías que no?

Demasiado a menudo, la falta de conciencia situacional puede ponerte en una posición de conflicto cuando estás en una conversación, o insuflar tensión en tus relaciones de manera no intencionada. Imagina que, después de una llamada de teléfono tensa, tenías el ceño fruncido sin saberlo y parecías enfadado cuando un colega del trabajo te dijo un simple «hola» al cruzarse contigo en el pasillo.

Ese colega ahora podría evitarte o, algo peor, hablar negativamente de ti a otra gente, solo porque en aquel momento no eras consciente de las señales que estabas dando.

Seguro que has oído antes lo de: «Creía que estabas enfadado conmigo».

La conciencia más difícil de alcanzar es la de uno mismo. Dime, ¿de dónde viene la tensión que notas ahora en los hombros? ¿Estás respirando de manera superficial? ¿Por qué aprietas la mandíbula? Sin autoconciencia, vas a ciegas, ignoras los pisotones que das cuando hablas o cómo perjudicas tu propio bienestar.

La autoconciencia te permite identificar cómo te sientes en el momento actual y comprender por qué. Te permite realizar un inventario de tus emociones y actuar en función de tus hallazgos. Cuando perfeccionas la autoconciencia entras en sintonía con tu alrededor, es decir, activas un modo de percibir el entorno que te permite saber si estás en consonancia con él en cada momento. Y esa sintonía te da control.

Corte 2: Falta de entendimiento

Cuando insistes en ver el mundo a través de la lente de tu propio telescopio, acabas teniendo problemas. Cuanto más intentas obligar a la gente a que vea las cosas como tú, con más obstinación parecen resistirse. En una discusión típica, casi siempre pretendes cambiar la manera de pensar de la otra persona, no la tuya. Cuando ninguna de las dos personas hace el esfuerzo de entender a la otra, se dan comentarios hirientes como estos:

«No me puedo creer que vayas a votar a ese. ¿Cómo se puede ser tan tonto?».

«¡Es que no lo entiendes!».

«Creí que te conocía, pero es como si hablásemos distintos idiomas».

A menudo la diferencia de creencias u opiniones no es el problema, sino la incapacidad para entender la diferencia de perspectiva. Si, en lugar de simplemente criticar una creencia porque es distinta de las tuyas, te molestaras en averiguar por qué alguien cree alguna cosa en concreto, podrías empezar a valorar el punto de vista de esa persona.

Afortunadamente, la capacidad de comprender al otro puede cultivarse. Además, es una habilidad esencial: no tener la capacidad de valorar la perspectiva de la otra persona durante un conflicto es cerrar toda puerta a avance alguno. Sin embargo, poseer esta habilidad te permitirá crear relaciones profundas y duraderas. La comprensión de la otra persona no la depara la transmisión, sino la conexión auténtica.

Corte 3: Falta de autoconfianza

A algunas personas puede resultarles difícil ser directas. Ante el conflicto sienten miedo o incomodidad. Por lo general, este miedo se muestra apartando el cuerpo, evitando el contacto visual o cruzando los brazos. La evitación también se manifiesta con las palabras, mediante el uso de expresiones que suavizan u opacan lo que se siente verdaderamente. Con estas frases pasivas se aborda la conversación de manera más indirecta:

«Hola, perdona que te moleste. A ver, puedes decirme sin ningún problema si crees que no va a funcionar, pero estaba pensando que…».

«… y por eso pensé que podía funcionar. ¿Estoy diciendo una tontería?».

«Seguramente voy a hacer una pregunta tonta, pero...».

Esta falta de autoconfianza perjudica la autoestima y, además, coarta el desarrollo personal. Si tratas incluso a tus pensamientos como algo inconveniente, empezarás a evitar hasta las interacciones que podrían sacar lo mejor de ti. Actuar así también te impide reafirmarte para intentar conseguir cualquier cosa que desees: perseguir ese sueño, emprender esa carrera, encontrar ese amor.

La sinceridad en la comunicación requiere una conexión y una autoconfianza que afiancen tus necesidades y garanticen que se oiga tu voz, que se respeten tus límites y que tú seas tu principal defensor.

Un rápido apunte sobre la autoconfianza

Vamos a profundizar sobre la autoconfianza en el capítulo 7, pero, antes de seguir adelante, hay algo que necesito decirte. Cuando veas la palabra «autoconfianza» en estas páginas, quiero que recuerdes en todo momento una distinción. El concepto de autoconfianza con el que seguramente estés más familiarizado prioriza la perfección, mientras que la versión de la autoconfianza que yo te pido que adoptes a partir de ahora prioriza la transigencia.

Tener autoconfianza no significa que no tengas miedo, sino que haces las cosas aunque te asusten.

Tener autoconfianza no significa que siempre tengas razón, sino que, cuando estás equivocado, lo dices.

Tener autoconfianza no significa no cometer errores, sino asumirlos.

Todos los días me encuentro con un montón de ideas equivocadas sobre la autoconfianza. Recibo mensaje tras mensaje que empieza con «Ojalá...»: ojalá pudiera decir esto, ojalá pudiera decir lo otro... La gente habla a menudo de la autoconfianza como si fuera una cualidad con la que se nace, al igual que la altura o el parecido con tus padres. Lo ven como un estándar de perfección cuando, en realidad, está muy lejos de ella. Ya lo veremos más adelante. Lo que ahora quería aclarar es que si cuando leas la palabra «autoconfianza» te cuesta identificarte con ella o te parece difícil de conceptualizar, ten por seguro que estás sosteniendo en las manos un libro que te conviene.

RESUMEN DEL CAPÍTULO

- ✓ La forma de abordar tu siguiente conversación puede marcar la diferencia entre construir una conexión o romperla.

- ✓ Las malas interpretaciones de los mensajes de móvil o de correo electrónico ponen de manifiesto la brecha que existe entre la transmisión y la conexión.

- ✓ Conectar no significa que se está de acuerdo en todo ni tampoco que los resultados de una conversación vayan a ser positivos. La conexión es un proceso de dos partes por el que los partícipes en una conversación se comprenden y se hacen saber que han escuchado el punto de vista del otro, incluso aunque discrepen.

- ✓ La falta de autoconciencia, comprensión y autoconfianza cortan la conexión con la otra persona. En la segunda parte del libro mostraremos cómo superar estos escollos aplicando métodos fáciles y prácticos para conseguir conectar con los demás.

SEGUNDA PARTE
La puesta en práctica

Quienes me sigáis en las redes sociales sabréis que no me gustan las banalidades. No doy consejos «de salón» en plan «escuchar activamente» o «mostrar empatía» o «tener la mente abierta». Prefiero dejar ese tipo de instrucciones a los filósofos de sofá. La intención que llevan estos consejos es buena, pero no funcionan bien. Y, además, ¿qué es exactamente lo que te están pidiendo que hagas? Lo que necesitas es algo concreto, algo que puedas poner en práctica de inmediato.

Eso es lo que encontrarás en las siguientes páginas.

He creado un procedimiento que te ayudará a conectar en la próxima conversación que tengas. Me funciona con mis clientes, y también te funcionará a ti. Es muy sencillo. Y, naturalmente, tiene tres pasos:

1. Dilo con control.

2. Dilo con confianza.

3. Dilo para conectar.

¿Y a qué se refiere el «lo» exactamente? A tu punto de vista. Tus necesidades. Tu verdad. Este procedimiento convierte esos aspectos esenciales de expresión personal que te hacen único en componentes que reafirmarán y sacarán tu voz de manera natural. Puede que hasta sea una voz que nunca hayas oído antes o que te suene que la tuvieras hace mucho tiempo. Y eso es realmente algo fabuloso.

Estos tres puntos siguen una estrategia cognitiva de resolución de problemas llamada pensamiento funcional. Si te resulta familiar, seguramente es porque hace muchísimo tiempo que te familiarizaste con el concepto de las funciones en una clase de matemáticas en el colegio. ¿Te acuerdas del álgebra? Ya, yo tampoco. Pero si alguna vez «despejaste la x» es porque usaste el pensamiento funcional. En pocas palabras, el pensamiento funcional consiste en observar patrones en el modo en que un factor afecta a un resultado.

Atento a lo siguiente.

Aunque te quedaras dormido en las clases de matemáticas, tú entiendes las funciones. Las usas todos los días. Cuando pones el café molido en la cafetera, esperas que salga café líquido. Cuando pulsas el botón del termostato, esperas que baje la temperatura. ¿La receta de tarta de la abuela que hacéis siempre en casa? Es una función. La receta, en forma de grupo de instrucciones, convierte los ingredientes (factores) en una tarta (resultado). No tienes que ponerte a pensar por qué un huevo es un huevo. Únicamente sabes que, si sigues la receta, o la función, puedes predecir que tendrás como resultado la tarta de tu abuela.

A ver, no puedo prometerte una tarta, pero sí te prometo que aplicar los factores de la función dará como resultado un tú más audaz y más asertivo. La consecuencia de poner en práctica la receta de una mejor comunicación será que recuperarás el control en la próxima conversación que tengas.

REGLA 1:
Dilo con control

4
Contrólate

Lo siguiente no está basado en una historia real, pero podría. Lilly tiene tres años. Lleva dos semanas dando problemas para irse a dormir. O bien quiere quedarse levantada después de la hora de acostarse, o bien se levanta de la cama muchas veces hasta que, por fin, afortunadamente, se queda dormida.

John, el padre de Lilly, tiene treinta y tres años, y cree en una rutina flexible para la hora de acostarse. Si Lilly no está lista para dormir, John piensa que no hay problema en que la niña juegue tranquilamente en su habitación media hora hasta que le entre sueño. Le gusta que Lilly sea independiente y escuche las señales de su propio cuerpo cuando le diga que está cansada.

Durante las últimas dos semanas, John se ha estado mordiendo la lengua.

Lo que ocurre es que Grace, la esposa de John y madre de Lilly, cree en rutinas estrictas. La hora de irse a la cama de Lilly es las ocho de la tarde, sin excepción. Grace piensa que la coherencia y la estructura son cruciales para que su hija tenga un sueño reparador y se porte bien al día siguiente.

Durante las últimas dos semanas, Grace ha estado reprimiendo su enfado.

Son las ocho de la tarde, la hora de acostarse de Lilly, y comienza el espectáculo de todas las noches.

La preciosa Lilly, felizmente inconsciente del tiempo, juega con sus juguetes en su habitación. Parece como si acabara de tomarse dos tazas de café expreso. No tiene ninguna pinta de que vaya a irse a la cama en breve. Así que cuando Grace empieza a fulminarla con la mirada, Lilly se adelanta. Abriendo mucho los ojos de esa manera coercitiva que parece que llevan de serie los niños, Lilly gimotea: «Pero es que aún no tengo sueño».

John sabe que esta rutina está afectándoles negativamente a todos, pero no puede contenerse. Cuando Grace desaparece por el pasillo, le dice a Lilly: «Vale, puedes jugar un poco más. Pero después, a dormir». John se va a la sala de estar esperando que Grace no lo haya oído.

En cuanto entra, Grace dice (un poco demasiado alto): «¿Qué hemos hablado sobre esto? La respuesta es no. Es la hora de dormir. Está agotada». Hace una pausa y luego grita hacia el pasillo: «¡No, Lilly, cariño, ya es hora de dejar los juguetes y acostarse!».

John responde (un poco demasiado alto): «No es un robot, Grace. Unos minutos más no van a hacer daño a nadie. No es culpa suya que tú tengas un problema con el control».

Las dos fases de todas las discusiones

Uf.

Dejemos a Grace, John y Lilly un momento. Imagino que esta situación te ha resultado familiar aunque no seas padre. Todos hemos sido John o Grace en coyunturas similares. Hemos hablado mal a alguien. Hemos dicho algo de lo que casi inmediatamente nos hemos arrepentido. Hemos ganado en la batalla conversacional inmediata, pero hemos perdido en la guerra de la relación por empecinarnos en vencer.

No tiene por qué ser así.

Puedes aprender a gestionar tus palabras, tus emociones y tu cuerpo, lo que influirá en tus conversaciones de manera que no estallen en discusiones acaloradas. Pero primero tienes que entender algunos factores relativos a la comunicación y el modo en que funciona el cuerpo.

En toda discusión, existe una fase de ignición o encendido y una de enfriamiento.

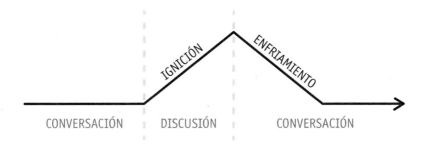

La ignición o encendido ocurre cuando, debido a una cantidad suficiente de fricción, lo productivo pasa a ser destructivo. Algún aspecto de la interacción empieza a sacarte de quicio. Alguna palabra te ha molestado. No te ha gustado el tono de la otra persona. No te ha hecho gracia cómo te ha mirado. Con poco tiempo y la fricción suficiente, crece el acaloramiento. Y, antes de que te des cuenta, ya has estallado.

La ignición ocurre cuando:

- enciendes una cerilla (te sientes amenazado)
- se te funden los plomos (te pones a la defensiva)
- te pones en modo nuclear (ataques personales)

Al alcanzar estas fases de ignición o acaloramiento en una conversación, tienes la tendencia a perder de algún modo la conciencia de quién eres. Los psicólogos pueden referirse a este fenómeno como «desbordamiento». Es como una especie de apagón de ti mismo. Sueltas cosas que no dirías nunca. Te resulta difícil ubicar tus pensamientos y decidir lo que quieres decir, como si tuvieras nublado el entendimiento. Así que lanzas palabras sin pensar mucho en cómo suenan, qué efecto tendrán o incluso qué significan.

Ocurre el enfriamiento cuando empieza a disiparse el calor, lo que sucede cuando:

- apagas la fuente de calor (te alejas de la situación)
- sofocas el fuego (entendimiento mutuo)
- no queda nada que quemar (punto muerto)

Sea cual sea la ruta que tomes, la temperatura deja de subir y empieza a bajar. Se disipa el humo y disminuye la sensación de frustración. Surge la claridad. Recuperas la conciencia de la importancia de la relación y por qué te importa la otra persona (si es el caso).

Sabes que estás enfriándote cuando el volumen de las voces baja y el tono suena más suave; cuando se eligen con cuidado las palabras y entre los «Siento haber dicho eso» y «No quería decirlo así», se intercambian disculpas y se trata de aclarar significados. Durante la fase de ignición, lo que se dice tiende a sonar más cerrado; en el enfriamiento suena más abierto. Puede que empieces a llorar. Puede que empieces a arrepentirte.

Lo único que sabes es que no te sientes bien con lo que ha ocurrido.

Cuanto más te hayas acalorado, más tardarás en enfriarte, como cuando apagas el fuego de la cocina y esperas a que se enfríe la cazuela para poder tocarla. Es una cuestión de intensidad y gradación.

Por desgracia, John y Grace todavía van a tardar mucho en enfriarse.

Grace suelta de golpe dos semanas de resentimiento: «¡Esta! ¡Esta es la razón de que la niña nunca escuche! ¡Que tú siempre haces excepciones! Yo soy la única que se preocupa por su bienestar. ¡Yo soy la que tiene que tratar con ella cuando se pone refunfuñona mientras que tú haces lo que te da la gana! Pero nunca estás aquí. ¿Cómo vas a saberlo?».

Si pudiésemos darle al botón de pausa en este momento exacto y escanear el cuerpo de Grace, veríamos lo siguiente:[1]

- La amígdala, la parte del cerebro que procesa las emociones, está gritándole al sistema nervioso que hay cerca una amenaza: alguien la está desautorizando.
- El cuerpo ha secretado la hormona llamada epinefrina, o adrenalina, poniéndola en modo de lucha o huida.[2] Ella lo siente como una sensación de aguijoneo que la lleva a endurecer el tono.
- Se le han dilatado las pupilas, lo que permite que le entre más luz en los ojos para poder enfocar mejor.
- Se le ha acelerado la respiración (que también se ha hecho más superficial), lo que está aumentando sus niveles de oxígeno.
- Le ha aumentado el ritmo cardiaco, bombeando más sangre a los músculos a fin de prepararlos para la acción, y menos a zonas menos esenciales.
- Se le han puesto tensos los hombros, el cuello y la mandíbula.

Y, sobre todo, tiene suprimida la actividad del córtex prefrontal, zona del cerebro que procesa el pensamiento de orden superior,[3] es decir, el funcionamiento racional, la toma de decisiones y la regulación emocional. Las emociones han tomado pleno control, y ella desecha toda cautela. Se supone que el reflejo de lucha o huida existe para ayudarnos a afrontar el ataque de un oso en medio de un bosque, no para ponernos a pelear sobre cómo ejercer la paternidad. Sin embargo, en este momento, el modo de lucha o huida de Grace está unánimemente a favor de luchar.

Para empeorar las cosas, el cuerpo de John está experimentando el mismo acaloramiento.

Grita: «¡¿Qué?! ¿Así que ahora tú eres la única que se preocupa por ella?». John está también por la labor de pelear y, habiendo perdido ya el control, detona una carga devastadora que espera que le haga ganar el combate: «¿Qué quieres, que la niña acabe loca, como tu madre? O, peor aún, ¿como tú…, sola y sin amigos de verdad?».

Visiblemente afectada, Grace redobla la carga y se lanza al segundo asalto. Los dos se atrincheran en su postura y continúan peleando. El cuerpo de cada uno quiere eliminar la amenaza que representa la otra persona. A medida que prosigue la discusión, ni Grace ni John se dan cuenta verdaderamente de lo que están diciendo… porque los que están comunicándose no son la Grace y el John reales. Lo que está reaccionando es su cuerpo y su mente. Están encendidos. Hacen y dicen lo que pueden para eliminar la amenaza.

Por regla general, la fase de ignición continúa hasta que se consume la mecha, hasta que, con los oponentes exhaustos, ocurre una pausa perceptible, un momento breve que, no obstante, permite ver el daño causado. Es entonces cuando John nota el dolor en la mirada de Grace y se da cuenta de que se ha pasado de la raya.

Se ha iniciado la fase de enfriamiento.

Si pudiésemos darle al botón de pausa en este momento exacto y escanear el cuerpo de John, veríamos lo siguiente:

- Está agotado tanto física como emocionalmente.
- Decrece su nerviosismo.
- Se amplía su enfoque.
- Disminuye el ritmo cardiaco y la respiración se va haciendo más lenta.
- El córtex prefrontal empieza a realizar un análisis objetivo.

La reflexión da lugar al arrepentimiento.

Lo único que John puede pensar es: «¿Por qué he dicho eso? ¿Cómo he podido ir tan lejos?».

A punto de llorar, Grace se pregunta lo mismo: «¿Por qué he explotado así? ¿Por qué he tenido que decir todo eso? ¿Qué me pasa?».

Y, de ese modo, queda en el olvido aquello por lo que empezaron a hablar… Mientras tanto, Lilly está profundamente dormida en el suelo del dormitorio.

Cómo controla el cuerpo tus reacciones

Cuando aumenta el acaloramiento en una conversación, lo que primero reacciona es tu fisiología. Tu cableado interno, es decir, tu sistema nervioso autónomo, abarca el cerebro, la médula espinal y todas las conexiones que existen entre ellos y el resto del cuerpo. Este sistema nervioso te da la capacidad de percibir, sentir, emocionarte, comportarte y pensar. Opera bajo la superficie de tu mente consciente y controla las acciones involuntarias, como cuando vas pasando los ojos de una palabra a otra a lo largo de la página sin tener que ordenárselo, o cuando procesas cada palabra en la cabeza, todo ello a la vez que respiras, el corazón te bombea sangre y oyes los ruidos a tu alrededor.

Para controlarte mejor durante el conflicto, tienes que saber lo que está ocurriendo en tu interior.

Los términos más técnicos aplicables a la fase de ignición y de enfriamiento derivan de dos modos en los que se puede encontrar el sistema nervioso autónomo. Siempre respondemos a las situaciones de una de estas dos maneras:

- **Lucha o huida:** Este modo lo controla el sistema nervioso simpático.
  - En el modo lucha quieres atacar: dar un puñetazo, decir una palabra hiriente o seguir en tus trece.
  - En el modo huida quieres escapar: salir de la habitación, colgar el teléfono o ignorar el mensaje de texto.

- **Descansar y digerir:** Este modo lo controla tu sistema nervioso parasimpático.
  - En el modo descansar quieres recuperarte: dar un paso atrás, hacer una pausa o tomarte un respiro.
  - En el modo digerir quieres recargar: almacenar energía, reabastecerte o equilibrar tu estado de ánimo.

Como habrás deducido, el modo de lucha o huida se corresponde con la fase de ignición, y el modo de descansar y digerir, con la fase de enfriamiento. Por regla general, en las actividades personales o las que llevas a cabo sin intervención de los demás, como escribir un correo electrónico o comer tranquilamente sin compañía, no notas estos procesos en acción, pues operan instintivamente. Sin embargo, si las realizas con otra persona, es necesaria la comunicación, y las señales internas se vuelven mucho más reconocibles, sobre todo en momentos de conflicto.

Y ¿qué implica todo esto para ti?

La mera presencia de opiniones en conflicto o de discusiones puede activar tu modo de lucha o huida más de lo que crees. Para protegerte, tu cuerpo orquesta en segundos cientos de cambios invisibles que dan lugar a una respuesta biológica en forma de comportamiento impulsado por las emociones, en lugar de por la lógica. Y, a causa de esa supresión del pensamiento coherente, tus emociones se manifiestan de maneras que te resultarán familiares: te pones a la defensiva, lanzas un comentario sarcástico, dices una palabra más alta que la otra, tienes una salida de tono, das un portazo, lloras a causa de la frustración, etc.

Cuando te pones nervioso antes de una llamada de teléfono importante, cuando te dan malas noticias o incluso cuando recibes un elogio que no esperabas, el cerebro y el cuerpo realizan microajustes ascendentes y descendentes. Estas fluctuaciones de tu estado emocional son respuestas directas de tu sistema nervioso, que está reaccionando constantemente ante amenazas percibidas o reales en torno a ti. El ritmo cardiaco acelerado, el sudor en las manos, el sonrojo, etc. son manifestaciones de cómo procesa el cuerpo la información y determina en milisegundos la mejor manera de realizar estos ajustes.

Equipado con este conocimiento, puedes abordar las conversaciones con una óptica diferente. En lugar de culpar inmediatamente a la otra persona, puedes ver tu respuesta interna como una reacción natural que requiere más exploración y que te suscite curiosidad.

La fricción te ofrece oportunidades para mejorar. Porque lo que te hace saltar puede ser una enseñanza para ti.

Conoce tus detonadores

«Tenemos que hablar».

Cuando lees u oyes ese mensaje, ¿qué es lo primero que piensas?

Seamos sinceros. A nadie le gusta esa frase, tanto si nos la dicen en persona como si nos llega por correo electrónico o por el móvil. ¿Por qué? Porque nos sitúa en un terreno desconocido. El cerebro nos dice que existe una amenaza potencial de que ocurra algo malo, lo cual activa nuestro modo de ignición. Prepararse para lo peor es algo totalmente biológico.

Cuando experimentas algo que no te gusta, tanto si lo oyes como si lo ves o lo sientes, tu cuerpo puede percibir ese estímulo como una amenaza, es decir, un detonador. Por «detonador» me refiero a algo que causa en ti una reacción fuerte y negativa.[4] Los detonadores pueden adoptar muchas formas y vienen determinados en gran medida por la personalidad y la infancia,[5] así que no empieces a preocuparte si los tuyos no coinciden exactamente con lo que se explique aquí, puesto que pueden ser diferentes de los de otras personas.

En términos generales, los detonadores se pueden categorizar como físicos o psicológicos.

1. Detonadores físicos

Los detonadores físicos son los que entorpecen la comunicación de manera más notoria. Resultan más fáciles de reconocer porque implican un daño físico inmediato, como cuando ves que alguien toma impulso para darte un puñetazo o que un animal agresivo carga contra ti. Los detonadores físicos pueden abarcar desde reacciones ante el entorno, como sentirte nervioso al caminar por el borde de un acantilado, hasta signos corporales, como tener náuseas, síntomas de deshidratación o de agotamiento.

Del mismo modo, cuando te comunicas con otras personas, tu cuerpo detecta instintivamente peligros potenciales para tu bienestar físico que pueden detonar respuestas defensivas inmediatas.[6] Imagina de qué manera te sentirías físicamente amenazado en los siguientes ejemplos:

- Tu padre o tu madre levanta la voz o utiliza un tono áspero al exigir que obedezcas.
- Tu jefe se acerca demasiado a tu espacio personal durante una discusión.
- Un colega del trabajo te señala con el dedo, enfadado, durante una reunión.
- Alguien te coge por el brazo inesperadamente para atraer tu atención.

Los detonadores físicos, tanto si son directos como percibidos, afectan a tu sensación de seguridad y bienestar, y despiertan instintos de protección que se anteponen a tu pensamiento más lógico.

2. Detonadores psicológicos

Los detonadores psicológicos son los que con mayor frecuencia dañan la comunicación. No implican un daño físico directo o previsible. Son simplemente pensamientos que o bien se perciben en el presente, o bien se anticipan para el futuro. Llegan por tres medios distintos: la evaluación social, la identidad personal y la pérdida.

Detonadores de evaluación social

Estos detonadores perceptuales tienen que ver con el miedo a los juicios negativos, al rechazo o a la humillación. Son las preguntas que te haces a diario al entablar interacciones sociales:

- Si digo esto...
    - ¿Creerán que soy inteligente?
    - ¿Se ofenderán?
    - ¿Querrán estar más conmigo?

- Si hago esto...
    - ¿Pensarán que soy arrogante?
    - ¿Me criticarán?
    - ¿Me prestarán más atención?

- Si mi aspecto es este...
    - ¿Encajaré?
    - ¿Se reirán de mí?
    - ¿Creerán que soy una persona de éxito?

Los detonadores de evaluación social pueden resumirse en la idea de que te importa mucho lo que piensen de ti los demás.[7] Todos tenemos una necesidad muy arraigada de gustar y de ser deseados. Habrás experimentado este detonador si has tenido que rechazar una invitación o comunicar malas noticias, o si alguna vez has sentido miedo a que te excluyan de algo. En todos estos casos se realiza una valoración de tu aportación social: un juicio sobre cómo evalúan los demás tu reputación.

El aspecto más recurrente de los casos de evaluación social es la vulnerabilidad.

Amenazas a la identidad personal

Mientras que la evaluación social trata de cómo te perciben los demás, la identidad personal tiene que ver con cómo te percibes tú.

Identificas las amenazas a tu identidad personal como cuestionamientos sobre tu capacidad, tu autonomía, tus objetivos o razón de ser o tus valores.[8] Estas amenazas ponen en tela de juicio quién crees que eres y lo que defiendes:

1. **Detonadores relacionados con la capacidad:** Si fracaso en algo, ¿quiere decir que no soy capaz? Si me corrigen, ¿dejan de considerarme válido? Aquí puede servir de ejemplo el caso de un profesional que se reintegre en el mercado laboral ya con cierta edad y que, al recibir comentarios llenos de escepticismo de un supervisor sobre su capacidad para mantener el ritmo, empiece a dudar de sí mismo.

2. **Detonadores relacionados con la autonomía:** ¿Me supervisan todos y cada uno de mis actos en el trabajo porque no confían en mí? ¿Tengo alguna capacidad de decisión en las cuestiones que me afectan? Podemos poner como ejemplo a una enfermera o maestra con mucha experiencia que vea socavado su sentido de la autonomía al encontrarse repentinamente supervisada hasta en los más mínimos detalles de su labor por una multitud de directivos de nuevas administraciones.

3. **Detonadores relacionados con los objetivos o la razón de ser:** ¿Tiene algún sentido mi trabajo? ¿Aporta algo lo que hago? ¿Estoy dejándome llevar por la corriente sin que mi vida apunte a ninguna meta? Ejemplo: Después de tener un hijo, a un ejecutivo de Wall Street que solía poner mucha pasión en su trabajo le está costando encontrar sentido a su labor y ya no se siente cómodo con la cháchara de la oficina; su identidad profesional está chocando con su nuevo papel de padre.

4. **Detonadores relacionados con los valores:** ¿Están cuestionando mis valores o faltándoles al respeto? ¿Me están empujando a que traicione mis principios? Por ejemplo: Una persona a la que acaban de contratar en una empresa siente un dilema moral al oír a uno de los jefes hacer un comentario sexualmente explícito sobre una becaria, lo que crea una falta de consonancia entre sus convicciones y el lugar de trabajo donde acaba de ingresar.

Cualquiera de estas situaciones pone de manifiesto que las amenazas a nuestra identidad personal nos obligan a preguntarnos quiénes queremos ser.

También puedes sentir que se cuestiona tu identidad por extensión o por asociación. Digamos que oyes que alguien critica a tu político favorito. Te sientes también cuestionado aunque la crítica no está dirigida a ti porque has vinculado tu identidad a la de ese político o el partido al que pertenece. Del mismo modo, tú puedes hablar de tu madre si quieres, pero si fuera yo quien lo hiciera, tendrías todo el derecho a hacerme callar. ¿Por qué? Porque ella ha ayudado a definir tu propia identidad.

Hasta el simple hecho de oír la palabra «no» puede percibirse como un ataque a la identidad personal. Cuando alguien te dice no, duda de ti o afirma que no puedes hacer algo, ¿cómo te sientes? Tus ganas de hacer ese algo aumentan. Lo mismo ocurre cuando alguien te pregunta bruscamente por qué. El cerebro quiere responder inmediatamente: «¡Porque lo digo yo!». Que alguien ponga en tela de juicio tus elecciones o tus actos puede resultarte amenazante porque cuestiona tu autonomía.

El aspecto más recurrente en las situaciones de amenaza de la identidad personal afecta a la sensación de idoneidad o suficiencia.

Detonadores relacionados con la pérdida

Aquí hablamos del miedo a perder a alguien o algo que valoramos; puede tratarse de una persona, un trabajo o cierto estatus.[8] En lo relativo a la comunicación, a menudo tiene que ver con el miedo a perder una relación o un estatus.

Imaginemos que estás presentando una propuesta en el trabajo y que un jefe plantea dudas. ¿Insistes en tu punto de vista y defiendes tu postura como la más válida? ¿O cedes ante lo que expone tu jefe y te abres a las críticas? El miedo inmediato que se activa aquí es al rechazo de la propuesta, pero el subyacente es a la posibilidad de perder el trabajo.

La amenaza psicológica de la pérdida puede hacer que te pongas a la defensiva o que seas excesivamente cauteloso a la hora de comunicarte. También puede hacer que te expliques demasiado, que vaciles al expresar tus opiniones o que evites las conversaciones difíciles por completo. Puede que te sientas así a menudo porque el dolor anticipado de la pérdida sea más fuerte que la incomodidad temporal de una confrontación inmediata.

El aspecto recurrente de la pérdida es la separación.

Mientras leías estas líneas quizá hayas sido capaz de ver cómo pueden aparecer estos detonantes en tu vida. Si sigue resultándote difícil saber cuáles son tus detonantes específicos, pregúntale a un amigo. La pregunta puede ser tan sencilla como: «¿Cuáles crees que son las cosas que me hacen estallar/reaccionar mal?». Si se trata de un buen amigo y tú eres una persona con sentido del humor, seguro que no tendrán problema en decirte la verdad.

Ahora ya sabes cuáles son tus detonantes. Pero ¿cómo usas este conocimiento para mejorar tu comunicación?

Ser capaz de reconocer los altibajos de tu cuerpo ante el conflicto te proporciona una ventaja enorme. No solo comprenderás mejor tus propias reacciones y detonantes, sino que también empezarás a identificar esos signos en los demás.

Podríamos llamarlo inteligencia emocional, pero yo prefiero hablar de discernimiento, un sexto sentido para percibir los detalles más pequeños. Un tono de voz más elevado. Un suspiro de exasperación. Una tensión en los hombros. No son comportamientos por los que te debas ofender, sino información que tener en cuenta, metadatos sobre el estado emocional de la otra persona. En lugar de molestarte cuando tu interlocutor levante la voz, comprenderás que, igual que cuando te pasa a ti, esa conducta es una señal de que su cuerpo ha pasado al modo de ignición; te informa de que su cuerpo se está sintiendo amenazado, bien por ti o bien por algo que tú representas. En lugar de reaccionar para «ganar» la discusión, algo que ahora sabes que únicamente alimentará la ignición, responderás de una forma que active el modo de enfriamiento. Estos conocimientos te ayudarán a medir mejor la temperatura de la conversación. Al comprenderte a ti mismo, comprenderás mejor a los demás.

Al analizar tus propios detonantes, empezarás a identificar mejor los de los demás. Y llegarás a considerar la elevación del tono de la otra persona no como un ataque, sino como una llamada a eliminar la amenaza. Si quieres apagar su fuego, encuentra su detonante.

RESUMEN DEL CAPÍTULO

✓ Tus detonantes te enseñan cosas... si estás abierto a aprender.

✓ En toda discusión hay una fase de ignición y una fase de enfriamiento.

✓ La fase de ignición da lugar a la reacción de lucha o huida, que puede llevarte a decirle algo hiriente a tu interlocutor o a marcharte de la habitación.

✓ La fase de enfriamiento comienza cuando baja la temperatura del conflicto, lo que puede ocurrir cuando se alcanza un entendimiento o se ha puesto distancia con la otra persona.

✓ Hay dos detonantes principales que conviene conocer: los físicos y los psicológicos. Se activan por amenazas a tu cuerpo, reales o percibidas, que activan la fase de ignición. Comprender qué detonantes te afectan específicamente te aporta información sobre las áreas en las que puedes trabajar y las que debes evitar.

✓ Al analizar tus propios detonantes, empezarás a identificar mejor los de los demás. Y llegarás a considerar la elevación del tono de voz de la otra persona no como un ataque, sino como una llamada a eliminar la amenaza. Si quieres apagar su fuego, encuentra su detonante.

5
Controla el momento

En el este de Texas crecen pinos muy altos. En los bosques hay tanto matorral que no ves a más de unos pocos de metros delante de ti. Cuando era pequeño, mis amigos y yo dábamos paseos, construíamos refugios y jugábamos en los arroyos como si estuviéramos viviendo una especie de aventura de supervivencia. Guardo muchos recuerdos muy bonitos del bosque.

Una de las cosas que más me gustan de vivir rodeado de árboles muy altos es lo que ocurre cuando llueve. No se ve llegar la tormenta, como pasa en los lugares abiertos. En estos bosques, si solo te guiases por la vista, no sabrías que iba a llover hasta que no empezaran a caerte las gotas.

Sabes que va a llover porque lo percibes.

Todo se ralentiza. El bosque y los animales guardan silencio. La temperatura disminuye, y se oye más el rumor de las hojas porque se levanta un poco de viento. Sientes ese frescor en la piel. El aire se llena de electricidad. Hueles la lluvia.

En este momento, en esta calma previa a la tormenta, todo parece suspenderse por un segundo. Se da una anticipación creciente que casi se puede tocar, como si la naturaleza estuviera esperando el momento justo de soltar la lluvia.

Toda discusión contiene el mismo silencio cargado. Justo antes de que comience el conflicto, se da un cambio perceptible en el clima emocional. Quizá una pausa se prolonga demasiado o el tono cambia sutilmente. La elección de una palabra parece errónea.

Sabes que está a punto de haber un conflicto porque lo percibes.

Puedes sentir que tú o la otra persona estáis a punto de saltar. Como en el instante previo a que el coche de una montaña rusa realice la primera bajada en picado.

Si este momento, uno de los más cruciales para controlar una discusión, se te va de las manos, la razón es la siguiente: estás buscando lo que pueda controlar a la otra persona, en lugar de lo que te está controlando a ti. Estás demasiado ocupado planeando lo que vas a plantear o preparándote para reñir a la otra persona o echarle una reprimenda. Se te escapa la posibilidad de encarrilar la conversación porque ves la tormenta que se aproxima solo como una llamada a las armas, cuando, en realidad, justo este momento puede darte la posibilidad de tomar la vía recta en cualquier interacción.

A la gente se le escapa este momento sutil porque no lo está buscando, lo que te proporciona una ventaja invisible antes de que comience cualquier discusión. No tendrás mejor oportunidad de control que cuando las cosas están en calma, antes de que estalle la tormenta. Así que no la desaproveches preparándote para la otra persona: prepárate para ti.

En el capítulo anterior, explicamos cómo trabaja el cuerpo en las discusiones acaloradas. El siguiente paso es equiparte con las herramientas que te permitan aprovechar lo que tu cuerpo hace solo. Cada una de estas herramientas requiere solo un momento para usarlas, pero ofrece beneficios duraderos. Y cuanto más a menudo emplees estas tácticas, más aprovechamiento te proporcionarán.

Estas son las tres herramientas más efectivas que he desarrollado para no perder el control hasta en las conversaciones más caóticas:

- Tu primera palabra es tu respiración.
- Tu primer pensamiento es un escaneo rápido.
- Tu primera conversación es una frase recordatorio.

Como en el caso de la lluvia, a menudo no podemos evitar las discusiones. Sin embargo, al usar estas tres tácticas, rápidas pero efectivas, harás algo más que capear el temporal. Empezarás a impedir que las discusiones se enciendan y a controlar cómo terminan.

Tu primera palabra es tu respiración

Hace no mucho, a una clienta mía, Elizabeth, le tocaba presentarse a la declaración previa en su caso de daños y perjuicios, y el abogado de la otra parte era conocido por tratar siempre de poner nerviosa a la gente, a mí incluido. Después de los encontronazos que ya había tenido con él, conocía la estrategia que emplearía: socavar la credibilidad de Elizabeth. Si lograba hacerla balbucear o decir algo equivocado o si podía hacerle perder los nervios, sería más fácil controlarla y, en consecuencia, él tendría mayor influencia sobre el resultado del caso.

Como yo sabía todo esto, pasé horas con Elizabeth preparando la declaración. Para ayudarla a afrontar la situación imité el tono que usaría el otro abogado. Empecé a interrogarla rápidamente y a presionarla para que respondiera aún más rápido.

Le pregunté con brusquedad:

—Entonces tuvo tiempo de ver el otro coche, ¿no?

Elizabeth me miró perpleja.

Fingiendo frustración, dije:

—Vamos, señora Carson. —Luego elevé el tono de voz—: Es una pregunta fácil. Sí o no. ¿Tuvo tiempo?

Al presionarla, Elizabeth se quedó paralizada —otro síntoma de la fase de ignición— por la confusión y la sorpresa. Estaba nerviosa; le temblaba la voz y los ojos se le pusieron llorosos, dos reacciones corporales completamente naturales. Después de explicarle por qué y cómo estaba reaccionando su cuerpo ante este comportamiento agresivo, le presenté un concepto que se convertiría en su herramienta más útil.

Tu primera palabra es la respiración.

Se lo expliqué así: «Cada vez que vayas a empezar una frase, deja que la respiración sea la primera "palabra" que digas. O sea, allí donde habría ido la primera palabra, pon una respiració».

Obligarte a imaginar la respiración como una palabra, como parte misma de la conversación, te ayuda a poner en marcha los protocolos de la respiración controlada. Estos protocolos desempeñan un papel fundamental en la regulación del cuerpo y las emociones. Poner la respiración en primer lugar te coloca en control desde el principio. Los dos primeros segundos son los más cruciales porque impiden que se genere el impulso de activación de la fase de ignición.

A lo que hacen referencia realmente los tecnicismos «control de la respiración» o «respiración controlada» es a poner intención en la forma en que respiras. Por ejemplo, es probable que hayas estado respirando con normalidad hasta llegar a este punto de la lectura. No habrás prestado mucha atención al modo en que te entra y te sale el aire de los pulmones. Pero si te digo que inspires y mantengas el aire cinco segundos y luego lo sueltes, bueno, ¡felicidades!, acabas de hacer una respiración controlada: has prestado atención al modo en que el aire circula por tu cuerpo.

Ahora inspira profundamente conmigo y piensa en la última conversación estresante que hayas tenido. ¿Te acuerdas de cómo respirabas? En las discusiones, por regla general, ocurre una de estas dos cosas con la respiración: o se acelera o se bloquea.[1] Ninguna de las dos cosas es buena.

Que se te acelere la respiración es señal de que has activado la fase de ignición. Necesitas respirar más para satisfacer la mayor necesidad de oxígeno de los músculos, que se preparan para correr o para atacar. Cuanto más rápido respires, más rápido necesita bombear sangre el corazón para mantenerte oxigenado y vivo, por lo que te aumentará la frecuencia cardiaca. Y respirar rápido limita la capacidad mecánica de pensar y hablar.

Si se te bloquea la respiración, sentirás que te sofocas o te ahogas. En cierto modo, es justo eso lo que te está ocurriendo. Cuando respiras rápidamente tienes demasiado oxígeno en el cuerpo, mientras que si limitas la respiración, acumulas demasiado dióxido de carbono porque no exhalas suficiente aire. Por tanto, contener la respiración o respirar superficialmente es también perjudicial. A medida que aumenta la tensión, decrecen tus capacidades cognitivas.

Para evitar estos problemas necesitas respirar equilibradamente. Volvamos a Elizabeth.

El día de la declaración comenzó haciéndolo muy bien. Hablaba lentamente y sin vacilaciones. Sin embargo, al cabo de un rato, vi que estaba empezando a perder la confianza. Le temblaba la voz, respondía más rápido y resultaba claro que estaba irritándose. Se estaba poniendo a la defensiva. Estaba perdiendo el control.

Pero entonces fue cuando funcionó la magia.

Justo cuando yo estaba a punto de intervenir y pedir un descanso de cinco minutos, ella cambió de actitud.

Adelantando la cabeza, el otro abogado la presionó:

—Podemos entonces decir que ese día no estaba prestando ninguna atención, ¿verdad? ¿Cierto?

Elizabeth inspiró, bajó los hombros y esperó medio segundo antes de afirmar con calma.

—No.

En ese momento yo sabía algo que el otro abogado ignoraba: Elizabeth había antepuesto una palabra al «no»: su respiración. Y, al usar el espacio entre la pregunta del abogado y su respuesta para calmarse, había recuperado el control de la conversación.

—¿Qué pasa? ¿No le ha gustado mi pregunta? —lanzó el abogado como una puya.

Elizabeth, recompuesta y llena de confianza, sonrió y negó con la cabeza.

—Ah, no, sus preguntas me parecen bien —dijo despacio. Al oír esto, el abogado inclinó la cabeza, confuso—. Le agradezco que me ayude a aclararlo —continuó—. Le repito lo que le he respondido antes: no, no lo podemos decir.

Boquiabierto y desinflado, el abogado de la parte contraria balbuceó tratando de encontrar las palabras para formular la siguiente pregunta. Al ver que Elizabeth no iba a reaccionar como él quería, hizo unas pocas preguntas sencillas y acabó enseguida su turno.

Yo la miraba con una sonrisa de oreja a oreja.

Como Elizabeth no podía controlar las preguntas del abogado, decidió controlarse a sí misma.

Cómo hacer una «respiración conversacional»

A esa respiración que constituye tu primera palabra la llamo «respiración conversacional».

Utilizo la palabra «conversacional» porque puedes adoptar este comportamiento en el desenvolvimiento natural de una conversación. Cuando lo haces bien, desde fuera parece una respiración normal; puedes usar esta técnica en cualquier momento sin que la otra persona crea que estás haciendo algo raro. Ten en cuenta que el mejor momento para respirar de este modo es mientras la otra persona habla y estás escuchándola o justo antes de que respondas.

Hazlo de la siguiente manera:

1. Inspira lentamente por la nariz contando hasta dos.

2. Cuando estés a punto de terminar la inhalación, realiza otra inhalación rápida de un segundo por la nariz. La cuenta total de la inhalación debe ser tres.

3. Espira por la nariz seis segundos; asegúrate de que la espiración es el doble de larga que la inhalación.

4. Repite el ejercicio por lo menos dos veces, o las veces que te hagan falta durante la conversación.

La respiración conversacional tiene varias ventajas, todas respaldadas por estudios científicos y por los métodos de quienes saben dominar la respiración en las situaciones más estresantes. Una respiración de este tipo también debe incorporar los tres siguientes factores probados. El resultado es una respiración lenta y controlada que puedes repetir varias veces para mantenerte en calma y centrado.

Cuando tu primera palabra es una respiración, respiras del siguiente modo:

1. Para ralentizar la respiración, hazlo por la nariz

Cuando respiras por la boca, el aire no encuentra resistencia. En consecuencia, inhalas y exhalas más veces por minuto, es decir, respiras más rápido. Y, como ya sabes, respirar más rápido es una de las señales de la fase de ignición. No controlar la respiración por la boca puede llevarte a un estado persistente y sutil de ansiedad y estrés.

Por el contrario, respirar por la nariz ofrece mayor resistencia al aire. Hazme un favor: prueba lo siguiente. Inspira y espira por la boca normalmente. Ahora inspira de nuevo y exhala con los labios casi tocándose, como si fueras a silbar. ¿Ya? En esta segunda respiración, el aire ha salido mucho más despacio porque tenías la boca menos abierta. Los orificios nasales son, por supuesto, mucho más estrechos que la boca, por lo que respirar por la nariz favorece de manera natural una respiración más lenta y profunda. La propia estructura de los orificios nasales está hecha para filtrar, calentar y humedecer el aire que inhalas.[2]

La respiración nasal también hace llegar el aire más profundamente en los pulmones mediante el uso del diafragma, por lo que es más completa. Y cuando la respiración es más completa, respiras menos veces por segundo, lo que previene la ignición.

Ahora que estás lleno de oxígeno, expulsa el aire, pero con intención.

2. *Para mantener la calma, exhala más tiempo*

Un estudio de 2023 de Stanford Medicine confirmó los importantes beneficios de la técnica de respiración conocida con el nombre de suspiro fisiológico, que se considera uno de los modos más rápidos de desestresarse en tiempo real. La técnica consiste en introducir un «suspiro» controlado e intencionado en la respiración normal. Empieza con una doble inhalación, es decir, inspira normalmente por la nariz; a continuación, haz una segunda inhalación rápida e intensa, y acaba con una exhalación larga por la boca.

La exhalación debe durar por lo menos el doble que la inhalación. Una doble inhalación hincha por completo los pulmones, y una larga exhalación imita el efecto del «ah» que normalmente emitirías después de un gran suspiro. Este método de exhalación prolongada ayuda a reducir la tensión sanguínea y los niveles de estrés en el cuerpo. Con la exhalación larga también te aseguras de que lo siguiente que inhales sea todo oxígeno y de que quede regulado apropiadamente el dióxido de carbono.

Al compararla con otras dos técnicas de respiración, el suspiro fisiológico demostró que reducía más la ansiedad, mejoraba más el estado de ánimo y daba lugar a un índice de respiraciones más bajo. Para aprovecharte de estos beneficios, tienes que asegurarte de que la exhalación sea más larga, preferiblemente el doble de larga que la inhalación.

Ahora que has efectuado una respiración plena, deberías sentirte más tranquilo y más en control de ti mismo. Pero aún hay un paso crucial que debes dar para poder pronunciar con control la primera palabra que digas a continuación de la respiración.

3. Para aclarar la mente, respira rítmicamente

Si no crees que la respiración tenga mucho que ver con el control del conflicto verbal, merece la pena que echemos un vistazo a lo que significa para aquellos que dominan la respiración en las situaciones más extremas de conflicto físico. Los SEAL de la marina estadounidense consideran la respiración rítmica tan crucial que reciben un entrenamiento especial en lo que ellos llaman «respiración táctica».[3] En situaciones de combate, la descarga de adrenalina aumenta la frecuencia cardiaca, lo que induce cambios en el cuerpo que deterioran rápidamente las capacidades motoras, las cuales pueden suponer la diferencia entre la vida y la muerte.

Para controlar esta reacción, los soldados suelen hacer uso de la respiración rítmica, un método que consiste en un patrón de repetición constante de inhalaciones y exhalaciones, como ocurre, por ejemplo, con la llamada respiración cuadrada o de cuadrilátero,[4] en la que inhalas, contienes el aliento, exhalas y contienes el aliento en tiempos de cuatro segundos, lo que genera una intencionalidad y una regularidad en la respiración.

El beneficio de la respiración rítmica es una reducción de la frecuencia cardiaca, que puede mejorar la concentración mental de los soldados.[5] La respiración rítmica es una de las razones por las que oímos a los militares gritando letras a ritmo mientras corren siguiendo la cuenta de un, dos, tres, cuatro. Esta cuenta sincroniza las pisadas y, lo que es más importante, la respiración. El patrón repetido no solo ayuda a expulsar el dióxido de carbono de los pulmones, sino que además el ritmo constante impide que se produzca hiperventilación o respiración irregular.

Soldados, policías, rescatistas, boxeadores, pilotos de caza y artistas marciales se enfrentan habitualmente a conflictos y situaciones de gran estrés en las que la respiración resulta esencial tanto para su supervivencia como para que desempeñen su labor con efectividad. Si para ellos controlar la respiración es importante, cómo no va a serlo para ti.

Con la respiración conversacional te beneficiarás de los efectos positivos de respirar con intención. Esta respiración sentará las bases de tu siguiente acto, que te permitirá controlar mejor tu cuerpo y sus reacciones.

Tu primer pensamiento es un escaneo rápido

La sala estaba oscura y con un ambiente marcado. Olía como el difusor de aceites esenciales de mi madre. Cuando mis compañeros de la facultad y yo guardamos silencio, el instructor de yoga nos dijo que íbamos a hacer una meditación breve. Arqueé las cejas. Pensé: «O sea, ¿meditación meditación? ¿En plan haciendo "ooom"?». Yo ni había hecho yoga antes ni había meditado nunca. No era algo muy común en una ciudad pequeña de Texas.

Sentados en las esterillas, empezamos cerrando los ojos y centrándonos en hacer respiraciones completas. Esa parte parecía bastante sencilla. Después de dedicar unos minutos a las respiraciones, empezamos con lo que el instructor llamó «escaneo del cuerpo». Nos pidió que, con los ojos cerrados, escaneáramos mentalmente el cuerpo, despacio, empezando por los pies y yendo hacia arriba hasta llegar a la parte superior de la cabeza.

Traté de hacer lo que nos decía el instructor y la verdad es que me sentí un poco tonto. ¿Estaría haciéndolo mal?

Abrí un ojo y miré a mi alrededor. El resto de la gente no parecía tener ningún problema. En ese momento oí que el instructor explicaba que había que estar lo bastante tranquilos como para escuchar al cuerpo. La verdad es que no estaba ni siquiera seguro de entender lo que quería decir con aquello. Volví a cerrar los ojos. Tratando de concentrarme de nuevo, retomé las respiraciones y comencé a calmar la mente buscando algo.

Esperé.

Y, poco a poco, para sorpresa mía, mientras escaneaba hacia arriba noté sensaciones físicas dentro del cuerpo que nunca había percibido antes. Tensión en la cara y detrás de las orejas. Hombros elevados. Mandíbula apretada. Respiración superficial e irregular. ¿Cómo es que nunca me había percatado de todo aquello?

Mi cuerpo había estado soportando toda esa tensión sin yo siquiera saberlo.

Hice ajustes rápidamente relajando los músculos de la cara y los hombros. Amplié la respiración para usar toda la capacidad de los pulmones. Oí que el instructor nos decía que pusiéramos nombre a la primera emoción que nos viniera a la mente y a mí me surgió la palabra «presión».

Al instante, sentí alivio. Pero fue más que eso. Me sentí en control. Incluso con los exámenes a la vuelta de la esquina, experimenté inmediatamente más tranquilidad y menos ansiedad.

Al terminar la clase, en la que comprobé la falta de flexibilidad tan terrible que tenía, se me quedó grabada la idea del escaneo del cuerpo. Cuanto más iba a yoga, mejor se me daba escanear. Me fascinaba descubrir los distintos modos en que se escondía mi estrés. Se convirtió en una especie juego, y siempre me sentía mejor después del escaneo.

Después empecé a hacerlo más rápido. Podía cerrar brevemente los ojos al final de una inhalación, realizar un escaneo completo del cuerpo y luego abrir los ojos al exhalar. Como el cuerpo podía decirme cada vez con mayor rapidez dónde se estaban ocultando los puntos de estrés, los localizaba y los abordaba también más rápido. Además, me empezó a resultar cada vez más fácil identificar las emociones. Lo que al principio constituía un ejercicio de cinco minutos en el estudio de yoga se convirtió en un rápido reseteo de dos segundos. Empecé a considerar lo que estaba haciendo como un «escaneo rápido», y a probarlo en distintos entornos. Por ejemplo, mientras estaba en clase y los exámenes: preocupado. Mientras esperaba ante un semáforo en rojo: impaciente. Estudiando en la mesa de la cocina de nuestro dúplex: abrumado. Cada vez que surgía a la superficie un momento tenso, el escaneo rápido lo disolvía.

Pronto me di cuenta de que si podía hacer un escaneo rápido antes de una conversación difícil o durante ella, no solo la conversación iba mejor, sino que además la otra persona ni siquiera lo notaba. Me di cuenta de que había aumentado el control que tenía sobre mis reacciones. La capacidad de sintonizar con las sensaciones y mensajes de mi propio cuerpo constituyó un punto de inflexión en mi forma de comunicarme. Me entrené para que cada vez que el cuerpo detectase un detonante durante una discusión o un conflicto, lo disipase con un escaneo rápido a fin de mantener la compostura.

Era como estar bajo el agua con un suministro de oxígeno infinito: nunca sentía la necesidad de subir a coger aire. Además, los escaneos rápidos también me facilitaban mucho la tarea de poner en consonancia mi mente con los objetivos y los valores que necesitaba tener en cuenta en cada conversación en particular.

Cómo hacer un escaneo rápido

El proceso consta de cuatro pasos. Sin embargo, cuanto más lo practiques, antes olvidarás que hay pasos en absoluto y empezarás a hacerlo de manera natural.

1. **Respira:** Comienza con una respiración conversacional. Al inhalar, céntrate en dejar que el aire se expanda hacia el estómago, como si tuvieras una cuerda atada al ombligo y tirases hacia fuera.

2. **Cierra los ojos:** Cuando esté a punto de finalizar la inhalación y tengas los pulmones llenos, cierra los ojos uno o dos segundos, como si se tratara de un guiño largo.

3. **Examina:** Al exhalar busca los lugares del cuerpo en los que se esté escondiendo el estrés. ¿Dónde sientes incomodidad o tirantez? Canaliza la exhalación larga hacia esa parte del cuerpo y libera la tensión. Los ojos deben estar abiertos.

4. **Identifica la emoción:** Di mentalmente qué estás sintiendo en ese momento preciso. Dale un nombre. Si puedes, usa solo una palabra. No hay respuestas correctas o equivocadas; debe ser algo instintivo.

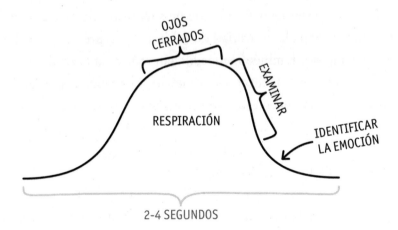

Hay dos motivos para realizar un escaneo rápido:

- Porque, combinado con una respiración conversacional, mejora la capacidad de pensar claramente en ese momento.
- Porque mantiene en tus manos el control sobre tus emociones.

Cuando te familiarizas con los escaneos rápidos, hacerlos es como beber sorbos de agua durante el ejercicio para estar hidratado. Te mantienen fresco y concentrado. Es una micropráctica de *mindfulness* que te ayuda a centrarte y a estar más perceptivo. Mejorar la percepción del cuerpo también fomenta la regulación emocional porque te permite observar tus sentimientos sin que te abrumen.

A medida que te familiarices con el escaneo rápido, podrás empezar a incorporarlo en conversaciones reales. Para traducir a una comunicación verbal una emoción que hayas identificado en el paso cuatro, te ayudará expresarla empezando la frase con «Noto que». Puedes reformular la identificación interna de «estar enfadado» como: «Noto que estoy experimentando un sentimiento de enfado». En vez de contener las emociones y reprimir el estrés (dando lugar a una fase de ignición), esta reformulación te obliga a sacar esos sentimientos. Siguiendo con el ejemplo de la sensación de enfado, podrías decir en voz alta «Noto que estoy enfadándome». He aquí algunos ejemplos de cómo expresar estos sentimientos:

- **Infeliz:** «Noto que no tengo el mejor estado de ánimo ahora mismo. ¿Podemos hablar de esto más tarde?».
- **Amenazado:** «Noto que ahora mismo me siento presionado. Necesito tiempo para que se me pase la sensación».
- **Frustrado:** «Noto que estoy sintiéndome frustrado. Necesito hacer una pausa».

- **Ansioso:** «Noto que no estoy preparado emocionalmente para esta conversación ahora mismo».
- **Inquieto:** «Gracias por esta conversación. Noto que hay más cosas que tengo que procesar».
- **Abrumado:** «Noto que en este momento estoy abrumado. ¿Podemos ir paso a paso?».
- **Confuso:** «Noto que sigo sin comprender bien lo que dices. ¿Me lo puedes explicar de otra manera?».
- **Nervioso:** «Noto que esta decisión me pone un poco nervioso. Necesito volver a repasar los detalles».
- **Triste:** «Noto que me siento algo decaído. Necesito un poco de tiempo a solas ahora mismo».
- **Cansado:** «Noto que ahora mismo no estoy en las mejores condiciones. Volvamos sobre esto después de que me tome un descanso».

Cuando reconoces verbalmente lo que has encontrado con un escaneo rápido, eliminas el misterio de lo que te está ocurriendo y hacia dónde está apuntando tu brújula, lo que, a su vez, te hace más perceptivo. Al ser abierto y directo y explicitar tus necesidades, también inyectas transparencia y sinceridad en la conversación.

Los escaneos rápidos son el mejor modo de desentrañar tus distintas capas. El añadido de la verbalización transforma la inseguridad en confianza y fortaleza.

Porque al asumirla, la controlas.

En cuestión de segundos, has hecho una respiración conversacional y un escaneo rápido. Solo necesitas un segundo más para dar el último paso, el que te proporcionará el valor de decir exactamente lo que necesitas decir.

Tu primera conversación es una frase recordatorio

En mi primer juicio, el abogado de la parte contraria me intimidaba muchísimo. Era bastante respetuoso y amable, pero tenía más de treinta años de experiencia y sabía lo bueno que era. En mi caso, aunque yo tenía confianza en mi capacidad, me costó mucho trabajo mantenerme centrado el primer día de alegaciones. Estaba nervioso y me precipitaba al hablar. Durante el contrainterrogatorio me centraba más en lo que tenía que decir a continuación que en usar el momento para escuchar la útil información que me estaba proporcionando el testigo.

Me habría dado de bofetadas. Sabía exactamente lo que estaba haciendo en el momento, pero como no me paraba a respirar para ordenar mis pensamientos o permitir que me guiara mi percepción, no era capaz de tomar control de la situación.

Al volver a casa, en el coche, hablé en voz alta conmigo mismo reflexionando sobre los puntos buenos y malos del día. Mientras lo hacía, empecé a quedarme con ciertas frases breves que me llamaban la atención. Me puse a repetirlas.

«Sé tú mismo».

«Espera al momento correcto».

«Deja que hablen los hechos».

Estas fueron mis primeras «frases recordatorio». Me ayudaron a no olvidar que tenía que ser yo mismo, a esperar a que apareciese el punto flaco en el testimonio del testigo y a dejar que los hechos hablaran por sí solos, en lugar de hablar yo más de la cuenta. Escribí estos recordatorios en la parte superior de mi cuaderno legal amarillo a la mañana siguiente. Cuando usaba frases recordatorio, la diferencia de comportamiento y actitud que yo desplegaba en el juzgado era como de la noche al día. Me sentía menos inseguro, no me precipitaba, no me sentía descentrado.

Incluso hoy en día, nunca voy a un juicio sin una frase recordatorio escrita en la parte superior de mi cuaderno amarillo.

La actitud comienza con las palabras. Cuando hablas, tus palabras no solo afectan a la otra persona, sino también a ti. Según los últimos estudios en neurociencia y psicología, el lenguaje que usamos —es decir, las palabras que empleamos para formar los pensamientos— influyen de manera significativa en nuestras emociones y actitudes y, en consecuencia, en nuestra realidad.[6]

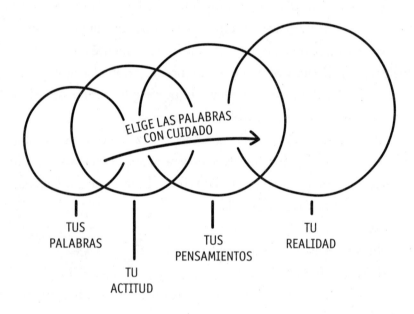

Para potenciar una actitud de confianza en mis clientes, los animo a usar frases recordatorio. Una frase recordatorio es lo que su propio nombre indica: un pequeño recordatorio que te haces a ti mismo. Una frase que te inspira, que te vuelve a centrar cuando te desequilibras. Es parecido a una afirmación positiva, pero mientras que esta última normalmente consiste en una afirmación abstracta de identidad o estímulo, como «Soy una persona querida» o «Soy capaz», una frase recordatorio es más concreta y está ligada a un contexto, como, por ejemplo: «Empieza con una respiración».

Las frases recordatorio son útiles herramientas memorísticas. Te conectan con la actitud que deseas adoptar tanto si es para tener más confianza como para no ponerte a la defensiva o no preocuparte por cosas triviales. Piensa en ellas como en un pequeño centro de operaciones interno donde vas anunciando lo que harás antes de ponerte manos a la obra.

Cómo crear tus propias frases recordatorio

Crear tus propias frases recordatorio es más sencillo de lo que podría parecer. Aquí tienes unas pautas.

Vincula las frases recordatorio a tus objetivos

En el capítulo 2 vimos la importancia de comprender tus objetivos y tus valores antes de afrontar conversaciones difíciles. Cuando vinculas tus objetivos a las frases recordatorio, es como si pusieras un cinturón y unos tirantes alrededor del resultado que quieres conseguir con la interacción.

Es como si hicieras hincapié en hacia dónde quieres que vaya la conversación. Si tu objetivo es tener confianza, entonces crea una frase que te recuerde que debes exponer tus ideas y opiniones con seguridad: «Exprésalo». De un modo similar, si tu objetivo es dialogar sin discutir, crea una frase que refuerce el resultado que deseas: «Busca el entendimiento». Esta frase estimula la escucha activa y la empatía, centrarse en comprender la perspectiva de la otra persona en lugar de verse arrastrado a un conflicto.

Estas frases orientadas a fines son apuntes o instrucciones que te recuerdan lo que quieres conseguir en una conversación y te mantienen en consonancia con tus objetivos globales. Te ayudan a mantener la concentración y la dirección, sobre todo en momentos en los que es fácil desviarse por las emociones o los puntos de vista contrarios.

Empiézalas con verbos en imperativo

En lugar de expresar pensamientos más genéricos relacionados con la identidad, como «Soy fuerte» o «No soy mis emociones», haz que las frases comiencen con un verbo en imperativo. Estos verbos impulsan a la acción y a adoptar actitudes activas: «Planta cara» o «Siente, no te estanques».

Cuando usas imperativos, las frases recordatorio son más precisas y prácticas. El imperativo te insta a actuar y a transformar lo que sería una contemplación pasiva en una interacción. Por ejemplo, una afirmación como «Mi verdad es valiosa» es pasiva. Por el contrario «Di tu verdad» te urge a la acción inmediata, a verbalizar tus pensamientos y creencias. Del mismo modo, una frase como «Asume la dificultad» te propulsa hacia delante y fomenta una actitud de resiliencia y disposición a afrontar los obstáculos. Si hubiera usado una frase recordatorio con Bobby LaPray, habría sido «Busca la lucha, la preocupación latente».

Estas frases iniciadas con imperativos actúan como instigadoras de comportamientos específicos y te impulsan no solo a pensar de manera diferente, sino a actuar también de manera diferente. Crean una sensación de inmediatez y urgencia que las convierte en herramientas efectivas de estímulo que permiten un cambio de conducta instantáneo.

Deben ser breves y personales

Recuerda que la frase no está destinada a ser expuesta en una valla publicitaria. No es necesario que la compartas con otros ni que toque la fibra sensible de nadie más que tú. A menudo, las mejores frases recordatorio son las que se vinculan con una experiencia personal o un recuerdo que se quiera evocar o encarnar en ese momento.

Por ejemplo, una vez tuve una clienta que quería un recordatorio para ser asertiva al expresar sus ideas en el trabajo. ¿Cuál era su frase?

«Díselo, Doris».

Era algo que su abuelo le decía en broma a su abuela cuando ella empezaba a calentarse al hablar de algún tema que la apasionaba. Esta simple frase albergaba todo un mundo de significado personal y estímulo para mi clienta. Le recordaba la fortaleza y la asertividad de su abuela y la inspiraba para canalizar la misma energía.

Es un ejemplo excelente del fuerte sostén que pueden proporcionar unas pocas palabras profundamente arraigadas en la historia personal de cada uno en momentos de duda o vacilación. Las frases recordatorio se convierten en algo más que palabras; son ecos de estímulo y resiliencia que tocan la fibra sensible de cada persona.

Para mejorar tu actitud, has de comenzar seleccionando mejor tus palabras. Debes elegir palabras que te traten mejor, que te sirvan mejor, que te impulsen hacia delante a pesar de las experiencias pasadas que te hayan impedido avanzar.

Para ilustrar esto último, imaginemos que tu frase recordatorio es «Mantente firme». Con esta actitud, en una situación de desacuerdo, se te anima a elegir palabras que refuercen tu autonomía de manera positiva, en lugar de tirar de ti hacia abajo y arrastrarte a la derrota. A continuación, comprueba el contraste entre estas otras frases:

- Negativo: «Eres imposible».
- Positivo: (Mantente firme). «Me interesa una solución. Si no está en la mesa, dímelo».

- Negativo: «No puedo manejar esto».
- Positivo: (Mantente firme). «Elijo abordar esto en otro momento».

- Negativo: «No sirve de nada intentarlo».
- Positivo: (Mantente firme). «No me interesa el lugar al que quieres llevar esta conversación».

Date cuenta de que las versiones positivas te llevan a frases y palabras que te tratan con respeto y apoyan tu autoestima. Dedica un momento a crear una frase recordatorio propia. Recuerda: vincúlala a tus objetivos, haz que empiece por un imperativo y que sea personal. Para inspirarte, aquí tienes una lista de frases recordatorio efectivas que han usado mis clientes:

Confianza	«Mantén la cabeza alta». «No dejes de brillar».
Asertividad	«Reivindica tu espacio». «No te exasperes, exprésate con claridad».
Ponerse a la defensiva	«Déjalo, [nombre]». «Fluye».

Claridad	«Inspira, espira». «Encuentra el meollo».
Calma	«Echa el freno, [nombre]». «Echa el ancla».

No puedes controlar a los demás, pero sí puedes controlar el momento. Lo único que necesitas es ese segundo antes de que empiece la conversación. La mayoría de la gente no sabe ni que existe, pero ese segundo es, posiblemente, el momento más importante de una conversación. Sácale partido. Haz una respiración conversacional y un escaneo rápido, y aplícate la frase recordatorio. Puede que te sorprendas de lo bien que resulta la conversación.

RESUMEN DEL CAPÍTULO

- ✓ Tres herramientas para tomar más control de tu comunicación: una respiración conversacional, un escaneo rápido y una frase recordatorio.

- ✓ La respiración conversacional, lenta y controlada, te aporta el beneficio de mantener la mente clara durante una discusión. Comienza con una inhalación por la nariz, luego una segunda más intensa y breve y después una exhalación larga. Mantén una respiración rítmica.

- ✓ El escaneo rápido de tu estado físico y mental te ayuda a liberar tensión y a mantenerte en calma y centrado.

Comienza con una respiración conversacional, cierra los ojos y descubre en qué parte de tu cuerpo se está escondiendo el estrés; luego identifica lo que estás sintiendo.

✓ Una frase recordatorio te estimula para que adoptes una actitud que aumente la sensación de control que tienes sobre tus reacciones. Crea una frase breve que comience con un verbo en imperativo (te impulsará a actuar), que tenga sentido para ti y que esté en consonancia con tus valores.

✓ Cada una de estas tres herramientas te ayudará a mantener el control en un conflicto al impedir que entres sin darte cuenta en tu fase de ignición.

6
Controla el ritmo

—¿Sabe más o menos lo rápido que iba cuando ocurrió…?

—Puede que a sesenta kilómetros por hora —interrumpió Chuck, mi cliente.

—… el accidente? —terminó la abogada de la parte contraria con un deje de satisfacción en la voz—. Necesito que me deje acabar de hacerle la pregunta antes de que responda, ¿de acuerdo?

—De acuerdo.

—¿Sabe aproximadamente lo rápido que iba cuando ocurrió el accidente…?

—A unos sesenta kilómetros por hora —volvió a interrumpirla Chuck.

De nuevo, la abogada le pidió que le dejara acabar la pregunta. Empecé a preocuparme. Los abogados quieren que respondas rápido porque así no tienes tiempo de pensar en la respuesta; de ese modo eres más fácil de controlar y hay más posibilidades de poner en tu boca palabras que no has dicho.

Pero Chuck iba aún más rápido. Al preparar la declaración, habíamos visto juntos la necesidad de esperar a que el otro abogado acabara de hacer la pregunta prevista antes de contestar. Pero Chuck estaba acelerando el ritmo. Tenía que pararle los pies. Después de la siguiente pregunta y respuesta, pedí una pausa rápida para hablar con Chuck en el pasillo.

Al salir, le señalé con mi cuaderno amarillo unas sillas que había en una esquina.

—Vamos a sentarnos ahí —dije.

Cuando nos sentamos, pregunté despreocupadamente:

—¿Qué vas a hacer este fin de semana? ¿Algún plan?

Él me miró perplejo.

—¿Eh?

—Este fin de semana —repetí mientras desenvolvía un caramelo de menta—. ¿Qué planes tienes?

—Ah, eh, no estoy seguro, déjame pensarlo. —Mientras pensaba, se calmó. Vi que se le bajaban los hombros y que ralentizaba la respiración. Al cabo de seis o siete segundos respondió—: Vamos a llevar a los niños a ver esa película sobre animales que hablan.

—¿La nueva que acaba de salir? —pregunté.

Chuck hizo otra pausa breve.

—Sí, esa.

—Ah, seguro que les encanta —dije— ¿Qué edad me dijiste que tenían?

—Cinco y siete —dijo sonriendo, ya relajado. El reinicio había funcionado.

—Son edades fantásticas —respondí levantándome ya. Él también se puso de pie—. Escucha —le dije—, cuando volvamos a la sala, quiero que contestes a la abogada como si estuviera preguntándote sobre qué vas a hacer este fin de semana. Respóndele justo como acabas de hacer conmigo. Pausadamente.

Chuck asintió; la analogía había hecho efecto.

—Lo entiendo. Hago una pausa, vale. Dejo que entre un poco de aire.

—Exacto —dije—. Controlas tú el ritmo, no ella.

Cuando volvimos a entrar en la sala, la diferencia fue como de la noche al día. No volvió a pisar ninguna pregunta y se tomó un momento para considerar cada respuesta. Había desaparecido la energía acelerada, casi de pánico, remplazada por una presencia tranquila y pausada. La abogada de la parte contraria notó también el cambio; el aplomo de Chuck había alterado el ritmo que ella quería imponer. Ya no fue capaz de aturullarlo con preguntas rápidas. Chuck estuvo genial.

El regalo de la pausa

Cuando te angustias, te entra miedo o te enfadas, ¿hablas más rápido o más despacio?

Hablas más rápido.

Es una señal de haber entrado en la fase de ignición, algo normal. Al aumentar la frecuencia cardiaca, se aceleran los procesos mentales, preparándonos para reacciones instantáneas. Los reflejos se vuelven más rápidos. La velocidad se convierte en una prioridad. En consecuencia, la mente empieza a pensar a más velocidad de aquella a la que normalmente se pronuncian las palabras. Por eso tendemos a hablar mucho más rápido de lo que haríamos habitualmente. El deseo de apresurar las cosas nos hace reaccionar emocionalmente, en lugar de lógicamente. Y metemos la pata, como se dice vulgarmente.

Cuando te apresuras, no solo te arriesgas a algo tan obvio como balbucear y dejar los pensamientos a medio expresar, sino que también apresuras el razonamiento. Pierdes la oportunidad de desarrollar por completo tu punto de vista. Apresurarte también es señal de que no estás escuchando de verdad a la otra persona, de que ya has planeado la frase antes de oír lo que te dice el interlocutor. Te pierdes cosas.

En estas situaciones de apresuramiento, se da la creencia falsa de que no se tiene control sobre lo que sucede, de que vamos en el asiento del copiloto. Sin embargo, lo cierto es que el pedal del freno está ahí todo el rato.

Lo único que necesitas hacer es pisarlo.

Además de las herramientas que te he presentado en el capítulo anterior, hay un aspecto que marcará la forma en que te comunicas y te diferenciará del resto.

Una pausa bien medida.

El silencio es la ausencia de sonido, pero no es la ausencia de comunicación. Lo digo en serio: el silencio es la herramienta más efectiva que tienes a tu disposición para solucionar problemas de comunicación.

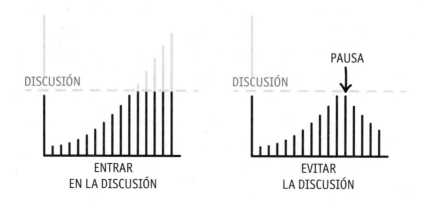

¿Por qué no lo usa más la gente? La razón es doble. Por un lado, muchos evitan el silencio porque no les parece que sea óptimo. Esta creencia proviene en parte de la velocidad habitual de comunicación que vemos hoy en los medios. Los pódcast y los vídeos de las redes sociales se editan para quitar las pausas. En las películas y en las series suele dramatizarse el efecto de los diálogos rápidos, haciendo que parezca que todo el mundo sabe ya lo que va a decir. Bueno, eso es porque los actores tienen el beneficio de contar con un guion y una edición posterior. Lo que vemos no es una comunicación real. Tenemos también el ejemplo de los programas de noticias. Tanto en política como en deportes, los distintos canales tienden a mostrar puntos de vista opuestos mediante réplicas o respuestas rápidas, como si fueran la cumbre de la victoria intelectual, presentando una percepción distorsionada de que resulta preferible la velocidad al contenido. Las discusiones del mundo real no ocurren como en los medios. Los medios no nos ofrecen un modelo saludable.

En segundo lugar, la gente tiende a pensar que el silencio es señal de debilidad. En los entornos más profesionales, por ejemplo, existe el pensamiento dominante de que no responder inmediatamente a las preguntas, tanto si es por correo electrónico como en persona, demuestra falta de conocimiento o de preparación. Ese miedo lleva a priorizar la inmediatez, a veces a expensas de la precisión o la reflexión. También en las conversaciones diarias es habitual usar coletillas que llenen los silencios (¿sabes?) o sonidos («eeeh», «um»). La gente tiene la sensación de que el silencio equivale a incompetencia cuando, en realidad, el silencio es sabiduría en espera. La verdadera marca de debilidad es hablar apresuradamente. Ralentizar el discurso demuestra fortaleza.

Al comprender cómo usar las pausas, mejoras la imagen que das de lo competente que eres, te muestras como una persona más reflexiva y, por tanto, más creíble. En lugar de pensar que el silencio denota incertidumbre, adopta la mentalidad de que el silencio garantiza que lo que sigue es una certidumbre. El uso estratégico del silencio refleja intención, no duda. Cuando se emplean en el momento correcto, las pausas son señal de confianza y autocontrol. Por regla general, las personas que controlan el ritmo de la conversación son las que más autocontrol tienen.

Ese es justamente el poder de las pausas. Te otorgan la capacidad de controlar el tiempo.

He aquí lo que ese control del tiempo te aporta:

Tiempo para reflexionar. La pausa te proporciona un espacio para elegir; nadie puede hacerte decir algo que no quieras decir. Puedes elegir responder si es lo que deseas, por supuesto. Pero otra elección es no decir nada. No contestar es también una respuesta. Siempre es posible elegir. Las pausas te dan tiempo no solo para escoger tus palabras, sino para ser dueño de ellas. Cuando haces una pausa, no solo estás controlando el ritmo de la conversación, sino que también estás reafirmando tu presencia en ella.

Tomarse tiempo para reflexionar no tiene nada que ver con vacilar, sino con reconocer de manera deliberada que sabes quién eres. Cuando haces una pausa antes de responder, demuestras que tienes el control de tus emociones y tus pensamientos, que no te dejas llevar por el impulso, sino que eres una persona seria y reflexiva. Cada vez que contienes las palabras, estás mostrando tu valía, tu confianza y tu poder.

La pausa te permite elegir y decidir:

- ¿Merece esta persona que pierda mi paz mental?
- ¿Es necesario decir lo que quiero decir? ¿Es necesario decirlo ahora? ¿Soy yo la persona indicada para decirlo?
- ¿Ayudarán mis palabras a la conversación o la perjudicarán?
- ¿Voy a hablar para aportar algo valioso o solo para oírme?

- ¿Me ayudarán mis palabras a avanzar hacia mis objetivos o valores?
- ¿Hay algo más que necesite comprender antes de responder?

Las palabras que pronuncies tras una pausa elegida y deliberada tendrán más efecto, porque indican al interlocutor que las has medido, lo que añadirá peso a tu comentario.

Tiempo para reconsiderar. Una pausa te da tiempo para recomponer tu comportamiento, lo mismo que la respiración conversacional, el escaneo rápido o la frase recordatorio. Te permite valorar tu disposición a estar presente en el momento. Preserva tu energía, como cuando descansas entre series al hacer ejercicio. El uso del silencio también es crucial para evaluar tu entorno. Te permite observar a quienes te rodean y ver sus reacciones, expresiones y lenguaje corporal. Al hacer una pausa, puedes tomarle la temperatura a tu interlocutor. La pausa impide que te centres únicamente en lo que estás intentando decir y te permite poner a trabajar los cinco sentidos para averiguar primero lo que están intentando decirte a ti.

Es la diferencia entre lanzarse de cabeza al conflicto y tener los recursos para decirte: «Espera, ¿es esto lo que quieres decir realmente?». La pausa te permite dar un paso atrás y considerar si la dirección de la conversación está en consonancia con los objetivos y los valores que deseas para ella. La observación externa que puedes realizar gracias a la pausa te informa y te guía sobre cómo proceder, ya sea suavizar tu postura, reafirmarla o introducir un nuevo enfoque.

Tiempo para regularte. Cuando las cosas empiezan a acalorarse en una conversación, el silencio sirve como una toalla mojada. Pone distancia entre el estímulo y la respuesta, reduciendo la intensidad de las emociones que empiezan a desbocarse. Permite apagar el incendio. Por eso, el silencio es crucial para alcanzar el punto de enfriamiento. Te permite recalibrar el tono, elegir la estrategia de no decir nada que pueda empeorar las cosas. Demuestra madurez y sensatez. Sentido común. Mediante la pausa, tú decides cuándo se ha dicho suficiente. Eres tú quien decide cuándo acabar, en lugar de dejar que la conversación termine cuando y como quiera la otra persona.

Y una pausa no solo te ayuda a regular tus propias emociones, sino también a que la otra persona reflexione sobre las suyas. Rompe el ciclo de las respuestas rápidas e impide que tanto tú como tu interlocutor perdáis la oportunidad de entrar en vuestras fases de enfriamiento. La pausa es muy poderosa. Vertebra las discusiones entorpeciendo el ritmo de toma y daca que acaba haciendo subir la tensión. Las pausas son buenas porque insertar espacios entre las intervenciones ayuda a que los interlocutores no se abrumen y mantengan la mente clara.

No permitas que las ideas equivocadas sobre el silencio te impidan aceptar el poder de las pausas. Úsalas para controlar el tiempo a tu favor, creando oportunidades de reflexionar y sopesar en todas las conversaciones.

Cómo y cuándo usar las pausas

Si quieres hablar con más control, tienes que estar cómodo con el silencio. No hay otra. ¿Qué vas a decir con el tuyo?

El silencio de una pausa comunica algo. Como ya hemos explicado, aunque el silencio sea la ausencia de sonido, no es ausencia de comunicación. Considera los distintos mensajes y señales que pueden transmitirse con una pausa:

- Una pausa después de la primera vez que él dice: «Te quiero».
- Una pausa después de que ella pregunte: «¿Te gusta mi nuevo vestido?».
- Una pausa después de que todo el mundo grite: «¡Sorpresa!».
- Una pausa después de que ella pregunte: «¿Dónde estuviste ayer por la noche?».

Lo que transmite una pausa viene determinado en gran medida por lo larga que sea. Por ejemplo, si no respondes a un mensaje de texto en un plazo de cinco minutos, normalmente no pasa nada. Pero ¿cinco días? En ese caso, se está comunicando algo más.

En las siguientes páginas voy a extenderme sobre esta distinción y sobre cómo puedes aprovechar mejor las ventajas únicas que te aportan las pausas en función de lo largas que sean, convirtiendo cada momento de silencio en una herramienta muy potente de comunicación.

Las pausas cortas son como gafas de cerca

Una pausa corta dura entre uno y cuatro segundos. Estas pausas destacan y hacen hincapié en palabras específicas, como cuando nos ponemos unas gafas para leer la letra pequeña. Vemos mejor las palabras.

Las pausas breves señalan que lo que estás a punto de decir lo has pensado bien. Que te has tomado tu tiempo para sopesar y medir tus palabras.

Por ejemplo, imagina que alguien en la oficina te pregunta: «¿Tendrás ese informe terminado por la tarde?». Una pausa breve cambia tu sensación de control:

- Sin pausa, espetas: «Ya he dicho que no».
- Tras una pausa de cuatro segundos, respondes lentamente: «Ya he dicho que no».

¿Leyó la voz de tu cabeza esa misma frase de forma distinta la segunda vez? Solo con dejar unos segundos de silencio la frase suena más firme. Tú pareces más seguro de ti mismo.

Vamos a ver un ejemplo aún más simple. Esta vez imagina que un amigo te pregunta: «¿Cómo te va?». Comprobemos el contraste del tono.

- Sin pausa, saltas: «Bien».
- Tras una pausa de tres segundos, respondes: «Bien».

¿Lo has oído? La respuesta inmediata transmite que apenas has pensado lo que has dicho. Es superficial y hasta poco seria. Incluso puede sonar menos genuina. Sin embargo, si añades una pausa, demuestras que has pensado en la respuesta, lo que aporta a lo que digas más fuerza y efecto. Contestas que estás bien porque lo sabes.

Las pausas breves son muy buenas para responder a preguntas normales, sobre todo si estás en una entrevista o vas a hacer una declaración. Siempre les digo a mis clientes que añadan unos segundos de silencio después de las preguntas y antes de responder. Recuerda que «tu primera palabra es tu respiración». No solo te da tiempo a considerar la pregunta y reproducirla en tu cabeza, sino que también te ayuda a decir las cosas de una manera más controlada.

Una pausa breve también es buena para añadir énfasis, como cuando esperamos unos segundos antes de decir el remate de un chiste o simplemente la palabra... correcta. El silencio llama la atención, lo mismo que los giros de guion en las películas. Provoca curiosidad sobre lo siguiente que se va a decir.

Es otra de las razones por las que resulta crucial la que hemos llamado respiración conversacional, que constituye una pausa breve. Normalmente, hablamos al exhalar e inhalamos entre medias de las palabras. La respiración conversacional dura tres segundos en total, tiempo suficiente para que puedas recomponerte, centrarte y hablar con un tono controlado y uniforme al exhalar.

La persona que hace una pausa antes de responder, tanto si es en clase como en una sala de reuniones o en el salón de su casa, siempre dará la impresión de ser más controlada y segura de sí misma.

Las pausas largas son como espejos

Una pausa larga dura entre cinco y diez segundos. Si dura más, ya no es una pausa, sino un receso.

A diferencia de las pausas breves, que ayudan a centrarse, las largas sirven para reflexionar. Son como un espejo de dos caras. No solo te permiten sopesar tu respuesta, sino lo que es más importante, obligan también al interlocutor a mirarse a sí mismo.

Cuando alguien es grosero contigo, te insulta o te menosprecia, tu mejor arma es una pausa larga. Las razones son las siguientes:

1. Una pausa de cinco a diez segundos da tiempo suficiente para que al interlocutor le llegue el eco de sus palabras. El sonido de su comentario quedará suspendido en el aire y normalmente lo llevará a cuestionar su mensaje o a dudar de él. Por eso mucha gente usará este silencio para decir preventivamente: «Lo siento» o «No debería haber dicho eso» antes de que tú tengas que responder.

2. El silencio nunca puede citarse para mal. Es mucho mejor responder con silencio que con algo hiriente que seguro que pasará al libro de historia de vuestra relación y volverá a citarse una y otra vez cuando reaparezcan los problemas.

3. La persona que habla la última suele perder. En las negociaciones, se dice que pierde la persona que primero habla. Sin embargo, en las discusiones es al revés. ¿Por qué? Porque el único modo de «vencer» a alguien que dice cosas hirientes es decir algo más hiriente aún. El único modo de superar un comentario insultante es insultar más. Cuando eres el último en hablar, es probable que seas también el primero de quien se espera una disculpa. En cambio, al insertar una pausa larga y frenarte antes de decir la última palabra, dejas expuestas las palabras de la otra persona.

Las pausas largas funcionan particularmente bien con las personas que no están diciendo la verdad.

Como podrás imaginar, en mi profesión he oído a un montón de testigos mentir. Te acostumbras tanto a ello que dejas de sorprenderte cuando la gente te miente. Incluso bajo juramento.

En un caso que tuve, durante una declaración previa al juicio, yo sabía que el testigo me estaba mintiendo.

Lo sabía porque tenía pruebas. Era el conductor de un camión de dieciocho ruedas que había chocado con mi cliente y culpaba del golpe a otro vehículo. El móvil del conductor registraba que había mandado un mensaje de texto justo a la hora del accidente, así como otros más justo antes del golpe. Pero él no sabía que yo los tenía.

—¿Estaba enviando mensajes de texto mientras conducía? —le pregunté a bocajarro.

—No —respondió con firmeza—. Nunca envío mensajes de texto mientras conduzco.

Su primer error fue usar un término absoluto. Cuando alguien emplea un término de este tipo, normalmente se está metiendo en una trampa. Si dices nunca, más te vale que sea nunca.

Después de su respuesta hice una pausa larga, de unos ocho segundos, en la que sus palabras quedaron resonando.

El hombre empezó a mover los ojos rápidamente de un lado a otro de la mesa y a moverse en la silla con nerviosismo. Al tener tiempo suficiente para oír el eco de sus palabras, rompió el silencio y cambió lo que acababa de decir. «A ver, he dicho nunca, pero supongo que a veces sí que lo hago. O sea, depende de la situación, ¿no? La verdad es que no me acuerdo».

Su segundo error. Empezó a desdecirse.

A la gente sincera no le importa la incomodidad de una pausa. Saben que su verdad no tiene necesidad de esconderse. Por el contrario, la gente mentirosa siente que debe demostrar algo. Notan que no te estás tragando el anzuelo. Llenan por ti el espacio, teniendo conversaciones en su cabeza sobre lo que estás pensando o lo que vas a decir. A menudo, en su afán por llenar el vacío, acaban desvelando la verdad.

Al ver que parecía que se echaba atrás, le di una opción: volver a la verdad o seguir andando por la pasarela y caer a los cocodrilos.

Repetí mi primera pregunta.

—¿Estaba enviando un mensaje de texto mientras conducía?

—Quizá sí, vale —dijo sonando casi aliviado.

Puse la mano sobre una carpeta llena de papeles que había a mi lado en la mesa. Eran documentos que no tenían nada que ver con el caso. Los registros del móvil aún estaban en mi cartera.

Con la mano quieta sobre la carpeta, lo presioné.

—Estaba usted enviando un mensaje a un colega suyo.

Asintió y dijo:

—Sí.

En solo unos minutos, había dado un giro de ciento ochenta grados. Sin discusiones. Sin enfados. Sin gritos de «¡Reconozca la verdad!». Lo único que necesité fue usar el poder de una pausa larga. Él mismo vio sus palabras reflejadas en el espejo e hizo el resto.

En el capítulo 8 explicaré cómo refinar la técnica de las pausas para responder de la manera más efectiva a las personas que dicen cosas para hacerte daño. Por ahora, lo único que necesitas saber es que cada situación requiere un tipo distinto de pausa. Tanto si te encuentras en una confrontación directa como si estás sumido en una conversación difícil en un entorno profesional o simplemente entablando un diálogo profundo y personal con alguien, la pausa correcta en el momento correcto puede transformar la dinámica del intercambio y darte el control de la situación.

No es una cuestión de mero silencio. Se trata de controlar el tiempo para ralentizar tus reacciones y crear espacio para la reflexión, la reconsideración y la regulación.

RESUMEN DEL CAPÍTULO

- ✓ Una pausa bien medida te otorga el poder del tiempo: tiempo para reflexionar, reconsiderar y regular.

- ✓ Hacer una pausa en una discusión no es una señal de vacilación, sino de intención y autocontrol. Por regla general, la persona que controla el ritmo de la conversación es la que más autocontrol tiene.

- ✓ Las palabras que se pronuncian tras un silencio deliberado tienen más efecto porque indican que se han ponderado, lo que añade peso a su significado.

- ✓ La longitud de una pausa es útil en distintos contextos. Una pausa breve de entre uno y cuatro segundos antes de responder te hace sonar más firme y resuelto. Una pausa más larga de entre cinco y diez segundos genera expectación y sirve de espejo para activar la fase de enfriamiento.

- ✓ Si aprendes a usar el silencio de una pausa, tomarás el control de la velocidad de los conflictos. Es como usar los frenos del coche: controlar la velocidad de las interacciones te permitirá girar sin riesgos hacia un resultado más constructivo.

REGLA 2:
Dilo con confianza

7

Una voz asertiva

Imagina que te presentas voluntario para participar en estudio sobre las emociones. Los médicos te colocan todo tipo de parches y cables en la cabeza y el pecho para supervisar tus constantes vitales. Un científico se acerca a ti con su portapapeles y su libreta y te pide: «Siéntete feliz ahora mismo».

Lo miras perplejo. ¿Sentirte feliz? ¿Por qué motivo? Vale. Tratas de fingir una sonrisa y forzar la risa, pero no sirve de mucho. Intentas pensar en algo que te pueda hacer sentir feliz. Pero no está funcionado.

El científico garabatea algo en la libreta. Luego te pide: «Siéntete asustado».

Como la vez anterior, te esfuerzas por sentirte asustado. Es cierto que lo de los cables y los monitores es un poco rarete, pero no te dan miedo de verdad. Intentas acordarte de la última película de terror que has visto, pero tu mente vaga y piensas que las noticias del mundo dan más miedo que la mayoría de las películas.

El científico toma más notas. Luego da un gran suspiro y te dice: «Enfádate», y, en cuanto sale por su boca la palabra, ¡pum!, te golpea con el portapapeles en la cabeza.

Inmediatamente alzas las cejas y lo miras. «¡No puedo creer lo que acabas de hacer!». Estás estupefacto y ofendido. Es más, ¡estás enfadado!

El científico sonríe. «¡Ahora siente que perdonas!».

La autoconfianza es una emoción

—Jefferson, ¿cómo siento autoconfianza?

Es, de lejos, la pregunta que más me hacen, tanto si se trata de comportarse en el lugar de trabajo como de salir bien parado en una entrevista o defenderse de algo. También es una pregunta mal formulada.

No hay un interruptor como los de la luz que encienda las emociones. Las emociones provienen de algo, de cosas como un mal recuerdo, un pensamiento feliz o un entorno estresante. Surgen por una razón, son como un golpe en la cabeza. La confianza funciona igual. Es una emoción. No se puede invocar a voluntad. No puedes decirle que deje el banquillo y salga al estadio. Esa es la razón por la que a menudo no está cuando la necesitas. Sabes que tienes autoconfianza cuando la sientes. Es la capacidad de operar teniendo claro cuáles son tus conocimientos, tus fortalezas, y también tus límites.

Por eso, preguntar «¿Cómo siento autoconfianza?» es como preguntar «¿Cómo me enfado?». No funciona así. La única manera de sentir más confianza es vivirla con más plenitud. La autoconfianza es un proceso activo en el que, al llevar a cabo comportamientos específicos, la vas construyendo y acumulando.

La pregunta no es «¿Cómo siento confianza?», sino «¿Qué puedo hacer para crear experiencias que construyan mi confianza?». La confianza se halla en la acción. Y esa acción se llama asertividad. Se tiene confianza en la medida en que se es asertivo.

La asertividad es el modo en que expresas la confianza que tienes en ti mismo. A diferencia de la confianza, no es una emoción, sino una acción. Puedes pensarlo en los siguientes términos: la confianza es algo interior y la asertividad, exterior. Ser asertivo es la confianza en movimiento. La asertividad se halla en el modo en que dices cosas y te apoyas en tus palabras.

La confianza y la asertividad se alimentan la una a la otra. Juntas, crean un bucle de retroalimentación positiva: al hablar más asertivamente generas autoconfianza y, a su vez, sentir autoconfianza te anima a hablar de manera más asertiva. Es una combinación que puede cambiarte la vida. Ser capaz de defender tus necesidades y tus opiniones de una manera que te dé credibilidad, en lugar de restártela, es un poder que va más allá de las palabras.

¿Cómo hablar con asertividad? Te lo mostraré.

Pero recuerda que no es algo que, por haberlo leído una vez, lo vayas a recordar por arte de magia cuando lo necesites. Mi recomendación es que cojas una de las siguientes diez lecciones y la apliques a tu próxima conversación.

Empecemos con tu entrenamiento de asertividad.

No me hagas coger mi portapapeles.

10 maneras de practicar la asertividad

Comenzarás por lo básico, construyendo un vocabulario de palabras asertivas y frases de uso común que transmitan autoconfianza sin agresividad. Luego aprenderás los patrones de entonación y sonido particulares que expresan respeto por uno mismo. En las conversaciones, los correos electrónicos, los mensajes de texto y las videoconferencias, empezarás a detectar oportunidades que te permitan mantenerte firme con una actitud amable. Pronto te encontrarás plenamente sumido en el lenguaje de la asertividad y, antes de darte cuenta, te sentirás seguro de ti mismo en cualquier conversación.

Empecemos.

LECCIÓN 1: TODAS LAS PALABRAS IMPORTAN

De todos los consejos que se pueden dar para ser más asertivo, el más importante es el de la elección de las palabras. El lenguaje que elijas —y todas y cada una de las palabras que selecciones— afecta directamente a tu capacidad de autoafirmarte en cada correo electrónico que escribas, cada mensaje de texto que envíes.

Todas las palabras importan.

Como te preguntaba al comienzo del libro, ¿qué dicen tus palabras de ti? Los actos suelen expresar más que las palabras, pero no las sustituyen. Las palabras habladas tienen su propio poder; constituyen tu personalidad, tu reputación y tu carácter. Invertir en ellas y en tu lenguaje es invertir en tu futuro: en tu autoestima y en la persona que quieres ser. Por ejemplo, imagina este simple correo que escribes a un compañero de trabajo:

- «Solo te he llamado para hablar del borrador».

Ahora ajustemos una palabra:

- «Te he llamado para hablar del borrador».

¿Notas la diferencia? La primera frase denota cautela. La segunda, autoconfianza. Al quitarle una palabra, la frase adopta una nueva voz. El primer mensaje, con el «solo», suena casi vacilante, como si no quisieras molestar a esa persona (a pesar de lo cual la molestas). En el segundo, en cambio, afirmas exactamente lo que quieres hacer.

Aquí van otros «antes y después»:

- Sin seguridad: «Me pregunto si sería buena idea pedírselo quizá al equipo».
- Asertivamente: «Voy a pedírselo al equipo».
- Sin seguridad: «Supongo que lo que estoy buscando es un poco más de claridad sobre tus expectativas».

- Asertivamente: «Lo que necesito es más claridad sobre tus expectativas».

Lo que se necesita para ser asertivo no es difícil. Puedes hacerlo. Y sabes cómo hacerlo. Tienes ya dentro de ti todo lo necesario para desbloquear una nueva voz. Una vez que empieces a abrir los ojos al lenguaje diario que denota incertidumbre en tu forma de comunicarte, así como en la de los demás, comenzarás a detectarlo meridianamente. Ya no lo pasarás por alto nunca más.

Lección 2: Demuéstratelo

La autoconfianza se encuentra en la acción, ¿recuerdas? Para sentirte seguro de ti mismo, necesitas empezar a demostrarte que harás lo que dices que vas a hacer. Esto significa que informarás a la otra persona de cuál es tu siguiente paso, y luego lo darás. La clave está en decirlo en voz alta. Di lo que vas a hacer en alto y en presente de indicativo. Por ejemplo:

- «Voy a pasar página con esta conversación».
- «Te pido permiso».
- «Esto es un recordatorio».

Nada de «quizá», «supongo», «un poco». Elimina las vacilaciones y expresa tus actos e intenciones.

He aquí otra frase de correo electrónico:

- «Cómo verá si, por favor, consulta el documento adjunto…».

No adjuntarías un documento a un correo si no fuera necesario que el destinatario lo consultara. Ese condicional y ese «por favor» no aportan ningún valor y, por el contrario, denotan pasividad y debilidad. Quizá a ti no te moleste esta redacción, pero ¿por qué dejar pasar hasta la más mínima oportunidad de demostrar autoconfianza, credibilidad o reputación en tus comunicaciones?

Frases como «Adjunto el contrato», o incluso «He adjuntado el contrato» suenan más directas, más activas y más asertivas. Demuestras tu autoconfianza diciendo lo que vas a hacer y luego haciéndolo.

El efecto en tu interlocutor es secundario respecto del efecto principal que tiene en ti. Cuando eres dueño de tus palabras y llevas a término lo que dices, sientes un empoderamiento que es como si te dijeras: «Eh, tengo esto controlado». Al realizar actos pequeños y asertivos que van acumulándose te demuestras a ti mismo que crees en tus capacidades, y vas construyendo tu autoconfianza. Estos pasos tienen aún mayor efecto cuando se trata de marcar límites, como aprenderás en el capítulo 9. Al decirle a la gente lo que vas a hacer y luego hacerlo, estás demostrando que eres el tipo de persona que no dice las cosas por decir. De lo contrario, los demás te pasarán por encima.

Imagina que estás en medio de una discusión acalorada. El intercambio ha escalado hasta el punto de que se intensifican los ataques personales y sientes que necesitas salir de ahí. Gritas con voz aguda: «Te prometo que si vuelves a decir esto, ¡me voy! ¡Estoy harto de todo esto, lo digo en serio!». Sin dudarlo, la otra persona vuelve a decirlo. Pero tú no te vas. Te quedas y continúas discutiendo y gritando, lo que exacerba la situación.

Con esa actitud, ¿has fomentado tu credibilidad o la has mermado?

Lo peor es que también te has desautorizado a ti mismo. Ahora la otra persona sabe que no eres serio. Has establecido la idea de que eres perro ladrador, pero poco mordedor.

Recupera el control usando un lenguaje asertivo y sé firme. Di lo que vas a hacer, y luego hazlo:

- En lugar de marcharte abruptamente y cerrar la puerta con un golpe, di: «Me voy a ir de la habitación». Y luego hazlo.
- En lugar de colgar de repente el teléfono, di: «Voy a colgar», y hazlo.

Es como cuando cantas el tiro en una partida de billar. Al actuar en consonancia con tu meta demuestras seguridad en ti mismo, transmites que no tienes miedo de establecer cuál es tu intención y que crees en tu capacidad para cumplir objetivos. Y, cuando los cumples, consolidas esa creencia. Esta coherencia forma parte de un bucle de retroalimentación positiva en el que si dices lo que vas a hacer y lo haces, la siguiente vez te sentirás con más confianza.

Al empezar a asomar la autoconfianza, te demuestras que cumplirás lo que digas que vas a hacer. Y esa autoconfianza aumentará a medida que seas consecuente con lo que prometes, actúes para estar a la altura de tus propias expectativas y utilices un lenguaje asertivo.

Lección 3: Expresa tus necesidades sin complejos

Imagina que eres el mejor abogado del mundo. Vas vestido con ropa profesional y rebosas confianza. Tu cliente es tu yo real; es como un duplicado de tu yo actual, va vestido con ropa normal y tiene todas las carencias, necesidades y preocupaciones que te acucian en este momento. Te encuentras en una sala de una gran empresa donde hay otras personas que se sientan a una mesa frente a tu cliente, a quien le das una palmada en el hombro y le dices que tome asiento, mientras que tú permaneces de pie.

En este momento sabes que si no hablas por tu cliente, no habrá nadie que lo haga. Eres su única esperanza. Estás preparado, y comprendes exactamente lo que quiere. Cuando empieza la reunión, hablas en su nombre:

- «Mi cliente no aceptará eso».
- «Las expectativas de mi cliente son justas».
- «Mi cliente necesita garantías de que esto no volverá a ocurrir».

Al hablar en defensa de tu cliente, suenas fuerte y asertivo. No estás solamente participando en la conversación; la conduces con confianza y abogas con vehemencia por las necesidades y los derechos de tu cliente. Cada palabra que eliges es intencionada y aspira a proteger y promover sus intereses y a garantizar que se le trate con la dignidad que merece. Y, mientras lo haces, te das cuenta del poder de tu voz.

Ahora, con el mismo poder y tono y con el mismo sentido de la justicia, redacta las frases anteriores en primera persona.

- «No aceptaré eso».
- «Mis expectativas son justas».
- «Necesito garantías de que esto no volverá a ocurrir».

Eso es abogar por ti mismo.

Para ser más asertivo, fíjate la norma de expresar tus necesidades.

Comienza las frases con «Necesito». Este simple cambio de lenguaje te impulsa a reconocer y asimilar lo que te falta y a comunicarlo claramente.

- «Necesito un momento».
- «Necesito hablar contigo».
- «Necesito que sepas cómo me ha afectado».
- «Necesito tu ayuda».

No puedes hablar de manera asertiva si no eres capaz de discernir tus necesidades. Tienes que ser tu propio abogado. Esto significa que vas a dejar de disculparte más de la cuenta. No te estoy pidiendo que prescindas de las disculpas reales, sino de las falsas, las innecesarias, las que no significan nada, todos esos «lo siento» que vas sembrando en tus peticiones, preguntas o solicitudes de aclaración, como:

- «Eh, lo siento, pero ¿tienes un minuto?».
- «No, hoy no puedo. ¡Lo siento!».
- «Siento mucho tener que molestarte».
- «Lo siento, me parece que no te entiendo».
- «Lo siento, ¿puedes repetir eso?».

Puede que la expresión «lo siento» no parezca dañina, pero hace más mal que bien a tu autoestima. Guarda los «lo siento» para cuando de verdad sean necesarios, como cuando pidas perdón por haber cometido un error o empatices con el dolor de otra persona.

En lugar de disculparte más de la cuenta, utiliza palabras de gratitud, o nada en absoluto.

- Antes: «Lo siento, llego tarde».
- Después: «Gracias por tu paciencia». (A menos que llegues realmente tarde, en ese caso deberías disculparte).

- Antes: «Siento molestarte».
- Después: «Te agradezco tu ayuda».

- Antes: «Siento tener que hacerte tantas preguntas».
- Después: «Gracias por aclararme este asunto».

Tanto si eres consciente como si no, disculparte más de la cuenta le pasa factura a tu actitud mental, pues contribuye a que te veas más como una carga o una molestia. Debes tener algo muy claro: tu valía no está vinculada a la poca molestia que causes. Afirmar tus necesidades expresándolas de un modo que suscite respeto y credibilidad nunca es inconveniente, sino necesario.

Lección 4: Habla cuando importe

En el despacho de abogados donde trabajaba antes, estaba un día en una reunión donde los socios discutían acaloradamente sobre asuntos típicos de final de año como los pluses, las subidas salariales y las iniciativas para el año siguiente. Cada vez que parecía que se avanzaba, no fallaba: había alguien que encontraba la manera de hacer un comentario o de ver defectos en lo que se estuviera proponiendo. Esta persona lo hacía tanto si el comentario era relevante como si no, y el efecto era que entorpecía la toma de decisiones y alargaba la reunión. Estoy totalmente a favor de hacer de abogado del diablo en cuanto a ideas, pero esta persona parecía que se deleitaba en sacar a relucir los «pero qué pasa si» sin mostrar ningún interés en proponer soluciones.

Seguro que sabes a qué tipo de persona me refiero. La que se queja en voz alta de lo estresada que está y es la que menos trabaja de toda la oficina. Todo el mundo sabía que esta persona era, de la mesa, la que menos horas de trabajo y facturaciones tenía registradas. La que menos conocimiento tenía del pulso del bufete y de su dirección. La típica persona que es mucho ruido y pocas nueces. Cuanto más hablaba, más respeto y credibilidad iba perdiendo. Con cada una de sus intervenciones, más gente gemía, suspiraba y levantaba los ojos al techo.

El socio más veterano y valorado, sin embargo, apenas hablaba. Pero cuando lo hacía, todo el mundo prestaba la máxima atención. Su silencio no se debía a la falta de interés, sino a una comprensión de cuándo era necesaria su voz.

Es frecuente que la persona que menos sabe, que menos ha aportado y cuya opinión menos importa sea la que más habla. Seguro que has estado en reuniones virtuales donde la persona menos enterada suele ser la que más siente la necesidad de opinar sobre cada cuestión menor.

Uno de los principales elementos que distinguen a las personas que no están seguras de sí mismas es lo a menudo que sienten la necesidad de decir algo, aunque sea una aportación fútil. No digo que no haya que intervenir, expresar las preocupaciones y participar en el equipo. A lo que me refiero es a que la gente insegura suele verse impelida a hablar todo el tiempo. Su inseguridad los lleva a pensar que tienen que demostrarlo todo. Todo el mundo debe saber lo listos que son, la razón que tienen, lo «mejor que tú» que son. El hecho de que se sientan inseguros los lleva a querer dejar claro a los demás que no es así. Esta inseguridad se manifiesta de maneras características: dicen muchos nombres, siempre quieren ser los mejores en todo e insisten en decir la última palabra.

La gente con autoconfianza no tiene la necesidad de decir nada. En su silencio hay sabiduría. Están escuchando. Están observando, absorbiendo. La gente con autoconfianza sabe que no tiene nada que demostrar porque está segura de sus capacidades y su conocimiento. Confían en sí mismos sin que les haga falta que los validen desde fuera. Como están seguros de sí mismos, no tienen deseos de figurar.

Si una persona insegura no siente confianza respecto de su aportación, elegirá sentir confianza respecto de sus críticas. No seas como esas personas. Y la próxima vez que veas a una, comprende que están demostrando su inseguridad. Deja que te sirva de recordatorio de que la verdadera autoconfianza elige el momento de expresarse.

Lección 5: Di menos

Cuantas menos palabras, más claro estará lo que quieras decir.

Piensa en las conversaciones como en la ley de la oferta y la demanda, que postula que cuando hay demasiado de alguna cosa, la gente lo quiere menos. El exceso de oferta hace bajar los precios. Por el contrario, cuando hay demasiado poco de algo, la gente lo quiere más. Y esta demanda hace subir los precios. El mismo principio se aplica a la comunicación. Cuanto más te extiendas, menos querrán escucharte y menor valor darán a tus palabras. Sin embargo, cuanto menos digas, más querrán prestarte atención y más valor tendrá cada palabra. Cada una de ellas causará efecto. Si inundas el mercado de la conversación con demasiadas palabras, crearás un déficit de atención.

Esa es también la razón por la que explicar más de la cuenta mata la autoconfianza. Cuantas más palabras uses, menos dirás realmente. Si empleas demasiadas frases para decir algo pequeño, crearás un gran problema. La tentación de explicar más de la cuenta proviene del miedo a que la otra persona no te crea (detonante de evaluación social). Sin embargo, cuantas más palabras uses, menos creíble sonarás. Cuantas más frases emplees para decir la verdad, más sonará como una mentira. Cuanto más hables, más sonarás como si no supieras de qué estás hablando.

Lección 6: Elimina los rellenos verbales

Es decir, todos esos «um», «eeh», «eem» que retrasan el discurso. Son naturales y comunes; la gran mayoría se usan de manera subconsciente para rellenar los momentos de silencio y que siga sonando la conversación. En un contexto informal con amigos y familia, no pasa nada. Además, los rellenos verbales sencillos pueden ayudar a mantener el flujo de conversación. En realidad, ni siquiera los oyes porque estás relajando y relacionándote a un nivel más profundo. Sin embargo, en un contexto más formal o profesional, denotan vacilación y diluyen la confianza. Las muletas verbales transmiten que no estás preparado y que no estás tan seguro de lo que estás diciendo.

He aquí algunos rellenos verbales en los que quizá no te hayas fijado nunca:

- «Algo así como».
- «¿Sabes?» o «Sabes lo que quiero decir?».
- «¿Vale?» o «¿No?».
- «Pues…».

Reemplaza estos rellenos con el silencio. Mira qué diferencia:

- Antes: «Pues, a ver, vale, sabes eso de cuando hablas con rellenos, ¿no?, que como que distraen del mensaje, ¿sabes lo que quiero decir?
- Después: Cuando hablas con rellenos, distraes del mensaje.

¿Has visto? Incluso cuando tratas de leer la frase del «antes», no se entiende de primeras lo que se está diciendo. Arréglalo haciendo uso del silencio.

Cuando empieces a probar este método, seguramente hablarás más despacio porque estarás fijándote en la siguiente palabra que vayas a pronunciar para impedir usar un relleno en su lugar. No pasa nada. Resiste el impulso de rellenar con sonido. Acostúmbrate al silencio.

Como he explicado en el capítulo 6, el silencio añade pausas y te permite controlar mejor. Te ofrece la opción de añadir énfasis. En tu cabeza, quizá este método te parezca raro o te resulte incómodo. Sin embargo, ante el interlocutor sonarás seguro de ti mismo. Los rellenos no aportan nada a quien te escucha. Cada palabra innecesaria socava tu mensaje.

Elimina las palabras que diluyen tus frases. Si quieres sonar asertivo, sé parco en palabras.

Lección 7: Nunca te minusvalores

Si tú no crees que tus palabras tengan valor, tampoco lo creerá tu interlocutor. Usar frases que te minusvaloran irá minando poco a poco tu confianza. Me refiero a frases como las siguientes:

- «No querría molestarte».
- «A lo mejor voy a decir una tontería».
- «Perdona que haga una pregunta tonta».
- «Igual no estoy entendiendo algo bien».
- «Seguro que tú lo sabes mejor que yo».

Entiendo que se dicen estas cosas con buena intención. Se quiere suavizar la intervención y ser modesto y autocrítico. Algo admirable. Pero la persona que te escucha no suele tomárselo así.

La señal que en realidad estás enviando es que te valoras por debajo de tu interlocutor. Parece como si estuvieras queriéndole decir que baje las expectativas que tiene sobre tu aportación. Arroja una sombra de duda sobre tus capacidades antes incluso de que las hayas expresado.

En consecuencia, el interlocutor asociará esas palabras con el efecto que vas a tener en él. O sea, cuando dices: «No querría molestarte», la otra persona entiende: «Lo que estoy a punto de decirte va a molestarte»; o que lo que estás a punto de decir será una tontería, o que la pregunta que vas a hacer será una bobada. Ninguno de esos mensajes es asertivo. Se parece mucho a lo que hemos dicho sobre disculparse de más. Es como si estuvieras disculpándote por ocupar espacio, que es justo lo opuesto de un lenguaje asertivo. Cuando usas ese tipo de frases, también impones en la otra persona la obligación social de que te alivie o te perdone diciendo: «Ah, no me molestas» o «No es una pregunta tonta». Os obliga a los dos a tener una miniconversación sobre tu inseguridad antes incluso de que expreses lo que querías decir. Al enmarcar así tus interacciones, refuerzas sin darte cuenta la idea de que no merece la pena escucharte o de que vales menos que los demás.

También te haces de menos cuando añades la frase: «No sé si tiene sentido lo que digo». Entiendo que responde a la necesidad de asegurarte de que se te ha comprendido bien. Sin embargo, en realidad, te pone en una situación poco halagüeña. Por un lado, te hace parecer inseguro de ti mismo, como si no creyeras en lo que has dicho. Por ejemplo, «Estaba pensando que podríamos cambiar la reunión de mañana por el tiempo, el tráfico y todo eso. No sé si tiene sentido lo que digo». Pero, peor aún, te arriesgas a ofender al interlocutor al asumir que podría no haber entendido lo que has dicho, cuando se entiende perfectamente. Por ejemplo: «Entonces conectas estas dos piezas de aquí y empezará a funcionar. No sé si tiene sentido lo que digo». Para evitar cualquiera de estos dos resultados no deseados, lo mejor es omitir totalmente ese comentario o sustituirlo por algo como: «¿Qué opinas?» o «¿Qué te parece?».

Cada vez que te pilles a punto de minusvalorar tu presencia, detente y reconsidera cómo puedes expresar tus pensamientos de manera asertiva, sin que parezca que dudas de ti mismo. Recuerda: nuestras aportaciones son valiosas, y expresarlas con confianza puede cambiar no solo el modo en que nos perciben los demás, sino también cómo nos percibimos a nosotros mismos.

Así que céntrate en frases que abunden o profundicen en la cuestión que estás tratando. Por ejemplo:

- «Me gustaría ahondar en lo que acabas de decir».
- «Me gustaría profundizar más».
- «Voy a ir más allá».
- «Mi punto de vista podría aportar algo».

Estas frases suenan más a que estás reafirmándote en la cuestión o en tu punto de vista, en lugar de desvincularte de él.

Lección 8: Elimina los excesos

Uno de los modos más rápidos de potenciar tu vocabulario asertivo es eliminar los adverbios de tus frases. Los adverbios son palabras que modifican los verbos o los adjetivos. Te sonará que muchos terminan en -mente o expresan cierto grado de algo.

- Solo
- Tan
- Muy
- Realmente
- Básicamente
- Fundamentalmente
- Literalmente

No digo que estas palabras sean malas, en una conversación informal son perfectas. Pero si quieres hablar de forma más asertiva en momentos importantes, y comprendes que cada palabra importa, los adverbios sobran. Compara «Entonces, básicamente, los adverbios pueden realmente diluir tus frases» con «Los adverbios diluyen tus frases».

Hay muchas otras expresiones que embarullan tu asertividad. Comprueba si te identificas con alguno de estos ejemplos:

- «Lo que quiero decir es…» o «Lo único que digo es…».
- «Solo es que me parece curioso que…».
- «No es por nada, pero…».
- «Lo que pasa es que…».
- «O sea, quiero decir…».
- «Solo tengo que decir que…».

- «Para serte sincero…».
- «No me malinterpretes, pero…».
- «No sé si me entiendes, pero…».
- «Lo que me parece un poco raro es que…».
- «Pues estaba pensando que a lo mejor…».

Estas frases, como mínimo, no contribuyen a darte credibilidad y lo que es peor, pueden sonar falsas o hipócritas. Prescinde de ellas, no las necesitas.

Lección 9: Cuando dudes, remítete a la experiencia

A menudo, sobre todo en el lugar de trabajo, te harán una pregunta a la que no sabrás contestar. Si te ocurre, será una oportunidad de usar un lenguaje asertivo. En lugar de quedarte paralizado, básate en experiencias anteriores:

«Nunca me había encontrado con esto antes».
«Según mi experiencia…».
«En el pasado, he…».
«Según he visto hasta ahora…».

Remitirte al pasado te proporciona una base más sólida para responder, incluso aunque no sepas la respuesta inmediata. Y, por supuesto, no pasa nada por contestar: «No lo sé». De hecho, reconocer la ignorancia propia es una señal de sinceridad y humildad que puede suscitar confianza en quienes te escuchen. Si tras este reconocimiento te comprometes a averiguar la respuesta o reflexionas sobre una experiencia relevante, demostrarás tu dedicación y tu esfuerzo. Remitirte a experiencias previas, en lugar de adoptar una actitud derrotista, demostrará que eres una persona proactiva que acude a sus conocimientos para afrontar las incertidumbres.

Lección 10: Di «Tengo plena confianza…»

Esta lección es sencilla. Al dar cualquier respuesta inicia la frase diciendo: «Tengo plena confianza…». Da igual lo que añadas después. El interlocutor, al oír la palabra «confianza», la asociará contigo.

- Antes: «Creo que mis capacidades serán una aportación excelente a su empresa».
- Después: «Tengo plena confianza en que mis capacidades serán una aportación excelente a su empresa».

- Antes: «Creo que puedo ayudar».
- Después: «Tengo plena confianza en que puedo ayudar».

- Antes: «Supongo que si me surgen dudas, sabré dónde buscar respuestas».
- Después: «Tengo plena confianza en que si me surgen dudas, sabré dónde buscar respuestas».

Piensa en tu propia reacción ante personas que recurren a la frase «Creo» frente a «Tengo plena confianza». ¿En qué personas confiarías más?

Cuida el tono

Como he dicho al principio del libro, no se trata de lo que dices, sino de cómo lo dices. Si te aconsejara solo sobre qué palabras usar y no sobre cómo deben sonar, no estaría cumpliendo mi promesa. Así que ¿cómo suena exactamente la autoconfianza?

Es un equilibrio. Imagina que es como cuando oyes música con auriculares y el volumen no está demasiado alto en ninguno de los dos oídos. El sonido está equilibrado. En la comunicación asertiva el equilibrio dice: «Te respeto a ti y me respeto a mí mismo». Esa es la diferencia entre asertividad y agresividad. En la comunicación agresiva no hay preocupación por respetar a la otra persona. En la asertiva sí. Y el sonido que emites es firme y uniforme. Dejas que las palabras discurran denotando a la vez convicción y expectación.

La clave aquí es evitar la tendencia a elevar el tono de voz al final de las frases. Se trata de emplear una entonación hacia arriba, como la que se usa cuando se hace una pregunta: «¿Seguro?». Esta inflexión denota incertidumbre o una petición de aprobación, incluso aunque estemos realizando afirmaciones.

Para sonar con más autoconfianza, finaliza las frases con una inflexión neutral o hacia abajo. Piensa, por ejemplo, en que estás pidiendo a un miembro de tu familia que te pase la sal mientras cenáis. No acabarías la frase con una inflexión hacia arriba: «¿Podrías pasarme la sal, por favor?», como si no supieras lo que es la sal y dudaras de su capacidad de pasártela. Lo más probable es que uses un tono neutral, más acorde con la frase, y que no hagas una inflexión hacia arriba, sino que lo mantengas uniforme.

El contacto visual es otro componente vital de la comunicación asertiva.[1] Denota interacción, sinceridad y autoconfianza. En una reunión, cuando expresas una idea o una opinión, mantener un contacto visual moderado con quienes te escuchan muestra que estás seguro de ti mismo y de tu aportación. Expresa: «Creo en lo que estoy diciendo y estoy aquí, presente con vosotros en esta conversación». Evitar el contacto visual, por el contrario, puede dar una impresión de incertidumbre o desinterés por tu parte, mientras que demasiado contacto visual podría percibirse como confrontativo.

Si te cuesta lo del contacto visual, he aquí un truco que yo uso: espera a estar pronunciando las últimas palabras de la frase y acábala haciendo contacto visual. Quizá creas que deberías mantener el contacto visual todo el tiempo. No es así. De hecho, un contacto visual prolongado podría percibirse como demasiado intenso o, peor aún, inquietante. Así que mira a tus interlocutores a los ojos al final de la frase. No perderás ninguna efectividad.

También importan la cadencia y el ritmo de tu forma de hablar.[2] La cadencia asertiva implica hablar claramente y a un ritmo mesurado, permitiendo que se comprendan por completo las palabras, sin apresurarse ni vacilar. Se trata de dar a cada palabra su importancia, mostrando que has pensado en lo que estás diciendo y que estás convencido de ello. Por ejemplo, al proponer una nueva estrategia, hablar demasiado rápido podría indicar nerviosismo o falta de confianza en tu propia idea, mientras que hablar demasiado despacio podría interpretarse como falta de certidumbre.

El efecto conjunto de un tono controlado, el contacto visual apropiado y una cadencia pausada puede aumentar significativamente la efectividad de tu comunicación y hacer que no solo se oiga tu asertividad, sino que también se sienta y se vea. Tanto si estás pidiendo un ascenso como estableciendo un límite, o simplemente expresando una opinión, el modo en que presentes el mensaje puede tener tanto efecto como el propio mensaje. Estos elementos, combinados con un lenguaje claro y respetuoso, definen la comunicación asertiva y la convierten en una herramienta muy potente para el crecimiento personal y profesional.

Quiero que hagas un repaso rápido de las diez lecciones de este capítulo. Escoge aquella que más dificultad te presente y céntrate en ella hoy, o mañana o esta semana. Empieza usando las palabras y frases asertivas cuando te surja la oportunidad en la nueva conversación o en el siguiente mensaje. Comprueba cómo te sientes después y cómo responden los demás. Querrás ser cada vez más asertivo, ya lo verás.

Usar palabras asertivas mejorará tu autoconfianza, lo que, a su vez, te hará hablar con más asertividad más a menudo. Es un bucle de retroalimentación positiva. Así que nútrelo. Una vez que te sientas bien usando frases de la lección que hayas escogido, empieza a añadir frases de otra lección. No esperes a encontrar las palabras correctas dos días más tarde. Construye tu vocabulario asertivo para saber qué decir en cada momento.

RESUMEN DEL CAPÍTULO

✓ La autoconfianza es una emoción, no algo que puedas invocar.

✓ La autoconfianza se construye siendo asertivo. La autoconfianza y la asertividad juntas crean un bucle de retroalimentación positiva: cuanto más asertivo seas, más autoconfianza sentirás; y cuanta más autoconfianza sientas, más asertivo serás.

✓ La elección de palabras importa. Normalmente, cuantas menos palabras utilices, más seguro de ti mismo les parecerás a los demás. Elimina las disculpas innecesarias y las palabras de relleno para aumentar la fortaleza de tus frases.

✓ Al desbloquear tu voz asertiva, te empoderas para expresar tus necesidades con confianza.

8

Las personas difíciles

Los conflictos legales con personas de la familia son los peores, seguidos muy cerca por los que se producen entre amigos.

La gente a la que dejas entrar en tu vida sabe mucho sobre ti: lo que te hace feliz y lo que te enfada. Por eso, cuando las relaciones íntimas se malogran, pueden convertirse en la peor clase de conflicto, de los que sacan lo peor de la gente. A veces, las personas más difíciles de tu vida son o bien de tu familia, o bien tienen una relación contigo, lo que dificulta aún más entablar con ellas conversaciones que sean de por sí difíciles. Es posible que sepas de lo que estoy hablando.

Una vez tuve un caso que enfrentaba a dos hermanas de mediana edad. Y la cosa fue tan movida como estás imaginando.

Mi clienta quería mantener operativo y lucrativo el negocio que habían heredado las dos. La otra hermana quería venderlo y repartirse los beneficios porque tenía, digamos, otras metas en la vida. Las dos necesitaban acabar de una vez por todas con lo que había sido una fuente de conflicto constante entre ellas. El plan era que mi clienta le comprase a su hermana las participaciones.

A pesar de los múltiples intentos de negociación, la generosidad y paciencia de mi clienta se topaban continuamente con la tozudez y, a veces, hostilidad manifiesta de su hermana, que insistía en pintar a mi clienta como la mala de la película. Cuando mi clienta presentaba soluciones razonables, su hermana encontraba la manera de malinterpretar sus palabras y recurrir a comentarios hirientes e insultos que se retrotraían a cuando eran pequeñas. Cosas que sabía que harían daño a su hermana.

—¿Cuánto tiempo tengo que seguir portándome bien? —me preguntó mi clienta un día por teléfono.

—Siempre hay que portarse bien —le dije—. Pero eso no quiere decir que seas blanda. No es necesario que devuelvas el golpe, pero lo que no puedes es dejarte pisotear.

Reconociendo que lo había intentado todo para mantener la paz y respetar lo que sus padres habrían querido, mi clienta había llegado a su límite. Tratar de «arreglarlo» no estaba funcionando. Necesitaba una estrategia distinta. Usando las lecciones que aprenderás en este capítulo, mi clienta comenzó a defenderse en las conversaciones con su hermana. Empezó a encontrar su voz.

Las dos hermanas accedieron a verse en persona (acompañadas de abogados) para intentar una vez más resolver el conflicto. Mi clienta estaba nerviosa al entrar en la reunión, pero, cuando habló, comprobé que tenía una nueva seguridad en sí misma. La conversación empezó bien. Sin embargo, la hermana no tardó mucho en empezar a dramatizar. En un momento dado, le espetó algo que más que un comentario era una bomba.

—Y nunca me has gustado. De todas formas, para mí es como si hubieras muerto.

Mi clienta se quedó en silencio. Sabía por nuestras muchas conversaciones que las palabras de su hermana cortaban como un cuchillo. Después de hacer una pausa larga, mi clienta habló por fin.

—Necesito que repitas eso.

La hermana la miró con incertidumbre. No estaba esperando esa respuesta. En un primer momento pareció como si fuera a volver a decirlo, pero no se vio capaz.

—No... No voy a repetirlo —dijo casi temblando.

—Entonces yo tampoco voy a repetir esto —dijo mi clienta con firmeza—: Me bajo de esta montaña rusa. Si quieres machacarme, hazlo ahora. Y yo siempre te he querido.

A la hermana se le saltaron las lágrimas y pidió un poco de tiempo para hablar a solas con su abogado. A los pocos minutos, el caso se había solucionado.

Habrás oído el consejo de que en momentos difíciles como estos hay que ser empático y tratar de alcanzar puntos en común. Aunque actuar así está bien y es noble, a veces no resulta práctico. ¿Qué haces cuando sientes que se te ha agotado la compasión? ¿Cómo te comunicas cuando crees que están aprovechándose de tu empatía?

Cuando las cosas pasan de castaño oscuro

Limitarse a ser amable no siempre funciona. Cuando una persona está decidida a malinterpretarte, la paciencia o las explicaciones sosegadas no cambian gran cosa. Si esto sucede, tenderás a hacer una de estas dos cosas. Andar pisando huevos, ajustando constantemente tus palabras y tus acciones para evitar el conflicto, a expensas de tu propia autenticidad y tu paz mental. O pagar con la misma moneda, responder con la misma energía negativa golpe por golpe.

No quiero que hagas ninguna de las dos cosas. Hay una tercera opción: utilizar tu nueva voz asertiva para dar respuestas que no dejen lugar a la malinterpretación, que tengan la misma fuerza de una agresión, pero sin faltar al respeto.

Llega un punto en el que tienes que pasar a la acción y expresar tu desaprobación. Sí, aún vas a seguir manteniendo tu integridad. Sí, aún vas a mostrar respeto. Pero tu respuesta debe dejar claro que te respetas lo suficiente a ti mismo como para plantarte y decir lo que te parece inaceptable.

Lo primero que necesitas saber es cuándo plantarte así, porque no todo el mundo merece que des ese paso. Hay que saber discernir por quién vale la pena perder la paz mental. Necesitas saber y decidir conscientemente si la persona que tienes delante significa algo para ti.

Discrepar asertivamente y plantar cara a los demás es tanto un arte como una habilidad. He aquí las herramientas avanzadas a las que puedes recurrir la próxima vez que alguien se pase de la raya.

Cómo desviar insultos, faltas de respeto y menosprecios

Cuando alguien te diga algo grosero o insultante, debes saber que quiere algo de ti. Ese algo es dopamina, una hormona que hace que nos sintamos bien, que motiva y gratifica.[1] Esta búsqueda de dopamina no tiene nada que ver con tu personalidad; suele ser un reflejo de la propia inseguridad de quien se comporta así. Menospreciar a otros puede hacer que el impotente se sienta poderoso, que el invisible se sienta visto y que el celoso piense que ha ganado algo. Estas personas obtienen dopamina por la atención que reciben en ese momento o por la sensación de control que les da contemplar tu reacción negativa.

También los distrae de sus propias vulnerabilidades al permitirles centrarse en la debilidad que perciben o proyectan en ti, del mismo modo en que a veces tú mismo podrías ponerte a juzgar a alguien. Las personas que actúan así se sienten menos inseguras, aunque solo sea momentáneamente, sabiendo que también a ti pueden crearte inseguridad. Se sienten menos mal consigo mismos sabiendo que tú también estás mal. Es un ciclo en el que consiguen ese bienestar temporal a costa de minar tu autoconfianza.

La clave aquí está en ver este tipo de comentarios como lo que son realmente: un intento de provocar una reacción.

Recuerda que la cosa no tiene que ver contigo, sino con la necesidad que tiene esa persona de tu reacción.

De modo que cuando alguien dice algo porque necesita un chute de dopamina, lo peor que puedes hacer es dárselo. Así que no vas a hacerlo.

Cuando te insulten u ofendan

«Eres un idiota».
«Eres un pobre hombre».
«Eres feo».

Tanto si te insultan como si te lanzan ataques personales por tu físico, tu personalidad, tus capacidades o tu identidad, estos comentarios tienen la intención de herir. Podrían hacer referencia a tu edad, tu etnia, tu sexo o tus orígenes. Su intención es dar donde más duele y suelen hacer más daño porque son directos.

Sé que cuando te insultan parece preferible devolver el insulto. «Ah, ¿que soy idiota? Bueno, pues tú eres…». Pero eso solo intensifica el problema. Quizá te convenzas de que para ti está bien, pero has de saber que ahora eres tú quien quiere dopamina. Seguiréis lanzándoos golpes hasta que uno de los dos se retire, y el otro se lleve una «victoria» momentánea.

No merece la pena. Vales demasiado para caer en un comportamiento tan bajo.

Cuando alguien te insulte o te ofenda, prueba a seguir estos pasos:

1. Realiza una pausa larga

La pausa larga da la oportunidad de que a esa persona le llegue el eco de lo que ha dicho. También permite que sus palabras pierdan efecto antes de que te lleguen a ti, como explicaré en el capítulo 11, lo que te impedirá ponerte a la defensiva. Una pausa larga permite a la otra persona repensar lo que ha dicho y plantearse si lo retira o lo mantiene. Recuerda que la pausa será incómoda y lo avergonzará, lo que es algo bueno. Y, sobre todo, el silencio se llevará consigo la dopamina.

2. Repite lentamente lo que han dicho

A menudo, solo es necesario el silencio. Si hace falta más, repíteles lo que te han dicho... muy despacio. En este caso, el eco serás tú. Estarás asegurándote de que la persona oiga cada una de las palabras que ha dicho.

3. Respira

Al repetir las palabras puede o bien aclararse la confusión o añadirse más leña al fuego. En ese momento, necesitas recurrir al control de la respiración para asegurarte de que no se te tensa el cuerpo o se te nubla el entendimiento. Si entras en un estado de respiración superficial, existe un riesgo alto de que caigas en un despliegue demorado de emociones o de ira, y que pierdas el control que tenías. Si es necesario, establece un límite, como aprenderás a hacer en el próximo capítulo.

Cuando te menosprecien, minusvaloren o traten con condescendencia

«Voy a decir esto de manera que lo puedas entender».
«Ay, vaya, por fin has perdido un poco de peso. ¡Bien!».
«Qué entrañable que pienses que lo has hecho bien».

Estos comentarios están dirigidos a minimizar tus esfuerzos, tu inteligencia o tu estatus. Es lo que ocurre cuando tratan de quitarte importancia o explicarte cosas que ya sabes. A diferencia de los insultos graves, estos comentarios suelen ser indirectos. Conllevan normalmente una amabilidad o un elogio fingidos o falsos, y portan una carga despreciativa que pretende restarte valor.

Cuando alguien te menosprecie, minusvalore o trate con condescendencia, prueba a seguir estos pasos:

1. *Pide que te lo vuelva a decir*

Cuando pides a la otra persona que repita lo que acaba de decir, le quitas a su comentario toda la «diversión» (es decir, la dopamina). Es como lanzarle a sus palabras una manta mojada. Además, no se están esperando esa reacción. Si alguien hace un comentario menospreciativo, esperan que el foco se dirija a ti. Pero cuando les pides que repitan lo que han dicho, el foco se vuelve bruscamente hacia ellos. Y se sienten incómodos. El resultado suele ser una respuesta rápida tipo «Da igual» o «Um, quería decir...» con la que tratan de reajustar su comentario. Puede ser algo tan sencillo como:

- «Necesito que repitas eso».
- «Necesito que vuelvas a decir eso».
- «No te he oído bien. ¿Puedes repetirlo?».

2. Haz una pregunta sobre el resultado

Independientemente de si la persona se atreve a repetir el comentario o no, vas a responderle con una pregunta sobre el resultado. Este tipo de pregunta pretende subrayar y proyectar la reacción que la persona trataba de provocar en ti. De nuevo, estarás verbalizando el eco que necesitan oír.

- «¿Querías hacerme daño diciendo eso?».
- «¿Querías avergonzarme con ese comentario?».
- «¿Eso que has dicho era para que me sintiera insignificante?».
- «¿Te has sentido bien diciendo eso?».

3. Responde con silencio

Sea cual sea su contestación, responde con el silencio. Es mejor no decir nada. Lo más probable es que la otra persona te dé una excusa malísima o diga que estaba de broma o empiece a balbucear y a echarse atrás. Deja que su mal comportamiento quede patente mientras con tu silencio demuestras que eres quien tiene el control y la compostura.

Cuando alguien sea grosero o irrespetuoso

«Ah, ¿aún estabas hablando?».
«Nadie te ha preguntado».
«Solo de escucharte parece que me vuelvo tonto».

Este tipo de comentarios demuestran falta de respeto y contravienen las mínimas normas de urbanidad. Pueden ser directos o indirectos, y resultan muy desagradables. Su objetivo es invalidar tus pensamientos o creencias.

Cuando alguien sea grosero o irrespetuoso contigo, sigue estos tres pasos:

1. Haz una pausa breve

Haz una pausa que te permita considerar sus palabras. Aquí vas a usar el silencio como una báscula que sopese lo que han dicho para decidir si merecen la pena tu tiempo y esfuerzo.

2. Haz una pregunta sobre su intención

Estas preguntas son similares a las que acabamos de ver sobre el resultado y pretenden destacar cómo han sonado las palabras ofensivas y sondear la intención de la persona que las ha pronunciado. Serían preguntas como las siguientes:

- «¿Tenías la intención de ser grosero?» (u ofensivo o irrespetuoso).
- «¿Querías ser borde con ese comentario?».
- «¿Qué pretendías diciendo eso?».

- «¿Cómo esperabas que reaccionara ante eso?».
- «¿Querías hacerme daño con eso o ayudarme en algún sentido?».

3. Espera

Lo más probable es que la otra persona haga alguna aclaración o se disculpe o reajuste su comentario con algo del tipo: «Ay, no, no, ni mucho menos, lo que quería decir era…». Si pasa esto, enhorabuena, has evitado tomar las cosas a pecho y tener una trifulca.

Sin embargo, si su intención era mala, déjalo estar. Contesta con el silencio y pasa del tema.

Esta fórmula no sirve solo para la comunicación verbal, sino también para la escrita. Un rápido correo electrónico o mensaje de texto preguntando: «No pretendías ser borde con eso, ¿verdad?» podría subsanar muchos mensajes redactados deprisa o sin cuidado.

Cómo hacer cuando alguien no se disculpa bien

La persona sabe que ha metido la pata. Tú lo sabes. Y aun así evita disculparse con franqueza.

Hacer que alguien se disculpe por algo que te ha hecho para herirte puede ser muy desagradable y hasta puede dolerte aún más estar metiendo el dedo en la llaga. Cuando alguien no se disculpa, para ti es como si no tuviera en cuenta tus sentimientos, tu experiencia. No disculparse de verdad ahonda la brecha, desdeña tu herida y os aleja de una reconciliación. Cuando se retrasa el proceso de subsanación, empiezan a decaer la confianza y el respeto.

No hay ninguna diferencia entre negarse a ofrecer una disculpa y ofrecer una falsa. De hecho, fingirla es aún peor, porque esa persona que te ha ofendido sabe exactamente lo que necesitas, pero elige no hacerlo. Sabe que debería y que podría hacerlo, pero no lo hace. Todo se relaciona con el miedo a estar equivocado. Reconocer un error o una culpa puede suponer un golpe para el ego. Te obliga a confrontar las consecuencias de tus actos. Y para mucha gente es difícil asumir la responsabilidad de un error y disculparse.

A todos nos ha pasado. Hemos tenido momentos en los que no hemos querido decir lo siento: «No tengo por qué pedir perdón. No he hecho nada malo». Has de comprender que si valoras a la otra persona en tu vida, y esa persona está realmente dolida, no disculparte es hiriente. Y ¿qué te cuesta realmente? ¿Qué cuesta una disculpa, incluso en el caso de que no estés completamente de acuerdo con ella?

No estoy hablando de personas que se hacen las víctimas para manipularte y obligarte a pedirles perdón. Existen otras estrategias para afrontar eso. Me refiero a conversaciones cotidianas en las que otra persona nos hace saber que hemos herido sus sentimientos. Prueba a decir: «No estoy preparado para disculparme en este momento. Estoy demasiado disgustado y primero necesito calmarme». Eso es comunicación. Eso es real. No disculparte porque no creas que alguien lo merece es ponerte en el papel de juez y jurado a la vez.

Nadie puede decirte cómo sentirte o qué sentir.

Es como si alguien te golpeara en el brazo y te dijera que no te duele. Los demás no pueden decidir eso. Y aunque no haya nada que puedas hacer para obligar a alguien a disculparse, sí puedes plantarte y hacer saber que no volverás a aceptar disculpas falsas e inútiles.

Las disculpas falsas pueden ser de muchos tipos, pero hay algunas más comunes que otras. Las siguientes son las que más habrás oído y seguirás oyendo:

La disculpa sin empatía

- Suena así: «Bueno, me sabe mal que te sientas así».
- Tu respuesta: «No pidas disculpas por cómo me siento, sino por lo que has hecho».

Esta disculpa esquiva toda responsabilidad. Quien la emita, en lugar de abordar lo mal que se ha portado, cambia el foco a tu reacción. La respuesta que te propongo recolocaría la conversación donde le corresponde: en los actos de la otra persona. Con ella, estarás enviando el mensaje de «Mis sentimientos son cosa mía y los asumo. Asume tú tus actos». Estarás haciendo hincapié en que, al centrar la disculpa en tus sentimientos, la persona no se está disculpando por lo que ha hecho. Si tiene que disculparse por algo, no es por cómo te sientas tú, sino por su comportamiento, que es el causante de tu malestar.

La disculpa que no lo es

- Suena así: «Si he hecho algo mal, lo siento» o «Si te he disgustado, lo siento».
- Tu respuesta: «Necesito que quites el "si" de esa disculpa».

Al introducir el «si», la disculpa parece condicional e incierta, como si lo que ha hecho la otra persona aún pudiera ser objeto de debate. En la respuesta que te propongo le pides a esa persona que elimine el condicional. Con ello, la estarás impulsando a asumir la responsabilidad de sus actos más directamente. La disculpa pasaría así de referirse a un daño hipotético al reconocimiento de un daño real. La frase «Siento haberte disgustado» es más sincera y elocuente.

La disculpa que es una excusa

- Suena así: «Lo siento, ¿vale? Últimamente estoy muy estresado».
- Tu respuesta: «No tienes que disculparte por tu estrés, sino por tus palabras».

Esta disculpa desvía la responsabilidad de su comportamiento al entorno, es decir, cosas como el trabajo, los hijos o el estrés. Pero tienes que entender que esas son cosas que le han ocurrido a la otra persona, no a ti. Y que no deben pagarlo contigo.

La respuesta que te propongo le quita poder a su excusa. No ha sido su estrés el que ha dicho algo hiriente, ni su trabajo el que te ha causado un disgusto. Redirige la responsabilidad a quien le corresponde.

La disculpa tóxica

- Suena así: «Siento ser una persona tan horrible» o «Siento que seas tan perfecto».
- Tu respuesta: «Estoy dispuesto a aceptar una disculpa».

Esta disculpa no solo es tóxica, sino que también es manipuladora. Y quien la emite está esperando que muerdas el anzuelo. He aquí lo que está esperando de ti:

> TU MADRE: Siento ser tan mala madre.
> TÚ: No eres mala madre, solo tienes que entender que...
> TU MADRE: Sí, soy horrible. Eso es lo que piensas. Siempre estás tratando de...

Y así alejan por completo la conversación del daño que te han causado. Este tipo de disculpas sitúan a la otra persona como víctima en un intento de obtener compasión y que seas tú quien la confortes a ella. La respuesta que te propongo te impide caer en la trampa. Es neutra y mesurada, y establece lo que estás dispuesto a aceptar y lo que no. Si vuelven a intentarlo, simplemente repite: «Estoy dispuesto a aceptar una disculpa».

La disculpa que es una justificación

- Suena así: «Era broma», «Estaba de broma», «Estaba haciendo el tonto».
- Tu respuesta: «Entonces busca bromas que hagan gracia», «Pues busca material en otra parte» o «No era broma».

Este tipo de disculpas es un intento velado por parte de la otra persona de minimizar el efecto de sus actos sugiriendo que no tendrías que habértelo tomado en serio. Socava la validez de tus sentimientos e implica que el problema lo has tenido tú: tu falta de sentido del humor, tu sensibilidad y tu reacción exageradas. La respuesta que te propongo contrarresta esa táctica y deja claro que el humor nunca justifica hacer daño.

No interrumpir

No todas las interrupciones son malas. Puede que la otra persona esté excitada, quizá no pueda resistirse. Las interrupciones son normales y esperables en conversaciones relajadas con amigos y entornos informales. Sin embargo, si estás tratando de tener una conversación seria, con el corazón en la mano, o estás en una reunión de trabajo importante, las interrupciones pueden resultar exasperantes.

He aquí como detenerlas.

Paso 1: Deja que la otra persona te interrumpa

La primera vez que te interrumpan, permítelo.
Sí, permítelo.
Pero solo la primera vez.
Dejar que la otra persona te interrumpa la primera vez sirve para dos propósitos.

1. Su interrupción te sitúa a ti como la persona más madura y razonable de los dos; la menos impulsiva y la más considerada. Si le cortas demasiado pronto con «Perdona, aún estaba hablando», puede sonar demasiado brusco y mostrarte a ti como una persona inflexible o insegura. Recuerda que la gente segura de sí misma sabe elegir el momento. La otra persona aún no te ha perjudicado. En todo caso, su interrup-

ción la ha dejado a ella en mal lugar. No le quites esa mancha para ponértela tú.

2. Su interrupción le permite sacar fuera sus pensamientos impulsivos. En este punto la otra persona está principalmente espoleada por las emociones. Es una reacción instintiva. Si tiene tanto afán por dar su opinión que necesita hacerlo justo en ese momento, es que de todas formas no iba a escuchar lo que le ibas a decir. No sirve de nada echar agua en un vaso ya lleno. Así que deja que se desahogue.

En cuanto la otra persona acabe de expresar su pensamiento, vuelve exactamente al punto donde te interrumpió y no hagas alusión a su comentario. No dejes que te desvíe. Vuelve a empezar tu frase. Así indicarás que no habías terminado de hablar sin poner en riesgo tu credibilidad y dejando claro que estás interesado en comunicarte expresando mensajes completos.

Paso 2: Usa su nombre

Di su nombre para detener la interrupción. Los nombres captan la atención de la gente. Si cortas a la otra persona con un «¡Eh!» o «¡Pero escucha!», se pondrá más a la defensiva y se cerrará en banda. En cambio, si dices su nombre, incluso aunque suene demasiado fuerte o contundente, tenderá a permanecer abierto.

Usar su nombre es también un buen modo de pararle los pies a alguien que está queriendo dominar una conversación o hablando por encima de la gente. Di su nombre en voz alta, a un volumen normal. Si no lo detienes, repítelo aumentando el volumen.

Paso 3: Corrige el comportamiento

Aquí vas a mantenerte firme con afirmaciones en primera persona, en lugar de en segunda (tipo «Me estás interrumpiendo» o «¡No me interrumpas!»). Emplea una de estas respuestas de manera tranquila y reposada:

- «Si me interrumpes no oigo lo que dices».
- «Te escucharé cuando acabe de hablar».
- «Quiero escuchar lo que dices, pero antes necesito acabar de expresar lo que iba a decir».

Estas respuestas funcionan porque no solo son directas, sino que te colocan en un lugar donde la otra persona queda en evidencia si se te opone. Volver a interrumpirte colocaría su comportamiento demasiado cerca de los malos modos inexcusables. Indicaría que no le interesa escucharte, lo que significa que no está verdaderamente interesado en la conversación, sino más bien en oírse hablar a sí mismo. La mayor parte de la gente no está dispuesta a dar esa impresión tan mala.

Lo más normal es que, después de seguir estos pasos, no vuelvan a interrumpirte durante la conversación. Al permitirles interrumpirte la primera vez, usar de manera calmada su nombre y plantarte con firmeza, has creado una dinámica de poder a tu favor y has mantenido tu credibilidad.

Así es como podría sonar esta situación entre tú y un colega tuyo que se llamase Álex:

> TÚ: La cuestión principal en la cronología del proyecto que tenemos entre manos es que...

ÁLEX: Mira, siempre ha funcionado, ¿vale? Con cronología o sin ella. Quiero decir que, si por mí fuera, ya habríamos avanzado con esto sin necesidad de pasarlo por Administración...

No dices nada y dejas que Álex acabe, usando el control de la respiración para mantener la compostura.

ÁLEX: ... Y sé que tú y yo no siempre somos del mismo parecer, pero también sé que lo que estoy aportando es valioso.
TÚ: La cuestión principal en la cronología del proyecto que tenemos entre manos es que no tiene en cuenta la aprobación de nuevos presupuestos, lo que puede ralentizar la...
ÁLEX: No lo hará. Ya he visto esto antes, ¿vale? Hay una...
TÚ: Álex.

Álex se detiene.

TÚ: No puedo oírte cuando me interrumpes. Déjame acabar.

Álex asiente y reconoce que el turno para hablar lo tienes tú.

Este método mantiene una relación respetuosa. Imagina, en cambio, que a la primera interrupción dices con enfado: «¡Estoy hablando!». Perderás el control de la dinámica de poder, pues te presentarás como el más emocional y vulnerable de los dos. Otras frases sarcásticas tipo «Lo que se estaba oyendo era mi voz, no un ruido de hojas, ¿verdad?» puede que resulten originales, pero solo te harán perder respeto y resultar menos deseable de escuchar. Al usar tu voz asertiva para detener las interrupciones mantienes el respeto gracias a la mesura.

Un modo mejor de discrepar

Uno de los usos más importantes del lenguaje asertivo es expresar la discrepancia, algo que forma parte del acto de reafirmarte y no dejarte avasallar. Sin embargo, lo que dices al discrepar y cómo lo dices puede marcar completamente la diferencia entre sonar asertivo y sonar inseguro. Es fácil caer en una discrepancia formulada pobremente (como «¡Eh, no!» o «¡No es verdad!»). Resulta mucho más difícil discrepar de manera efectiva.

Saber manejar la discrepancia nos lleva de nuevo a un tema crucial de este libro: cuando «ganas» en una discusión, a menudo pierdes más de lo que ganas. Y es que se puede discrepar del punto de vista de otra persona sin intentar obtener un triunfo. Expresar el desacuerdo es reafirmarse. Imponer tu discrepancia a expensas de la voz de la otra persona, sin embargo, es pasar por encima de ella.

He aquí algunas técnicas avanzadas que mejorarán tu capacidad de expresar tu desacuerdo sin perder terreno ni ganarlo. La próxima vez que necesitas discrepar, prueba lo siguiente:

Aplica el filtro «¿Merece la pena?»

A veces es como si la otra persona estuviera buscando la discusión, como si estuviera tratando de arrastrarte hacia un remolino donde todo lo que digas se retuerce, se tergiversa y se lanza de nuevo contra ti para conseguir que le des la razón. Quizá la conversación sea sobre política. Quizá sea sobre religión. O puede que sea sobre cómo hay que doblar las servilletas. La cuestión es que no debes dejar que la otra persona te ponga en una posición en la que te sientas como si tuvieras la espalda contra la pared o que estás pegándote cabezazos contra un muro.

Antes de que las cosas vayan demasiado lejos, aplica un rápido filtro de «¿Merece la pena?». Pregúntate: «¿Es necesario que coincidamos en esto?».

Por ejemplo:

> TU PAREJA: Estaba pensando en que cambiásemos la marca de detergente que compramos por una que vi el otro día en un anuncio de la tele. ¿Qué te parece?
>
> TÚ: Preferiría que no. Me gusta el que estamos usando.
>
> TU PAREJA: Pero se supone que el del anuncio es más ecológico. Es mejor para el medio ambiente.
>
> TÚ: Sí, pero no estoy seguro de que vaya a funcionar tan bien como el que usamos ahora.
>
> TU PAREJA: ¿Por qué nunca estás de acuerdo con hacer nada, a menos que haya sido idea tuya?
>
> TÚ: ¿De verdad esto es algo en lo que tengamos que estar de acuerdo?
>
> TU PAREJA: No, supongo que tienes razón.

Inmediatamente, esta pregunta obliga a la otra persona a evaluar la prioridad de la conversación. Esta técnica es especialmente buena para el 99 por ciento de las discusiones... sobre cosas intrascendentes. Usa este filtro de «¿Merece la pena?» si te encuentras metido en una controversia sobre cuestiones de escasa importancia o una discusión sobre cosas que puede que nunca ocurran.

Sí, es posible que la otra persona quiera que estés de acuerdo con ella, pero ¿es necesario? La respuesta suele ser no.

Si, por alguna razón, la respuesta es sí, pasa al siguiente filtro: «¿De verdad esto es algo en lo que tengamos que estar de acuerdo ahora?». Por ejemplo:

> TÚ: ¿De verdad esto es algo en lo que tengamos que estar de acuerdo?
> TU PAREJA: Pues sí, creo que sí.
> TÚ: ¿Y tenemos que ponernos de acuerdo justo en este momento?
> TU PAREJA: Ah, no, supongo que no. Podemos probarlo primero y luego decidir.

Esta pregunta obliga a la otra persona a evaluar los tiempos de la conversación. En las relaciones íntimas es común discutir sobre cosas que nunca ocurrirán. Se discute sobre los «y si» y «qué me dices de». Al preguntar si es necesario alcanzar un acuerdo inmediatamente, introduces la posibilidad de posponer la decisión hasta obtener más información o hasta que los dos estéis más dispuestos a abordar el asunto. Pedir que se posponga la conversación es un modo rápido de disipar la discrepancia e instalar la comunicación en lo que importa realmente en ese momento.

Usa tu punto de vista

Decir «No estoy de acuerdo» es una respuesta directa y, en muchos contextos, demasiado directa. Puede exponerte a toda una descarga de argumentos a favor y en contra con probabilidades de generar una escalada de tensión de manera innecesaria. Esto ocurre porque cuando dices «No estoy de acuerdo», la otra persona oye «Estás equivocado», lo que puede activar sus detonantes psicológicos de evaluación social y competitividad.

Es cierto que hay momentos en los que la otra persona está realmente equivocada, como cuando alguien intenta convencerte de que el cielo es verde. No me refiero a esos casos. Lo que quiero decir es que la frase: «No estoy de acuerdo», aunque sea directa (cosa que es buena), puede crearte problemas, porque es posible que la otra persona sienta que la estás echando por tierra, y se ponga a la defensiva (cosa que es mala). Incluso aunque dijeras: «Con todos los respetos, no estoy de acuerdo», no hay nada respetuoso en ello... Y la otra persona lo sabe porque puede sentirlo.

En su lugar, opta por frases que señalen puntos de vista, no veredictos. Es decir, expresa tu opinión desde un punto de vista concreto, en lugar de mediante un rechazo terminante. Esta estrategia abre espacio para el diálogo, en lugar de la confrontación. Para usar tu punto de vista de manera efectiva, prueba a emplear alguna de estas tres frases:

1. *«Yo veo las cosas de otra manera»*

Cuando presentas tu respuesta como un punto de vista diferente, es como si le estuvieras diciendo a alguien lo que ves desde donde estás sentado en una habitación. Este enfoque amplía la perspectiva sobre el asunto como una lente de aumento. Date cuenta de la diferencia entre «Estás equivocado» y «Desde donde estoy sentado, veo algo diferente». La idea de ver algo diferente hace que tu respuesta tenga que ver con compartir percepciones, en lugar de con disputar sobre hechos. Esta respuesta es útil para situaciones en las que:

- La otra persona está intentando que prevalezca una solución genérica.
- Necesitas introducir un matiz o aportar contexto.
- La otra persona está pasando por alto aspectos a los que tú das más o menos importancia.

2. «Yo lo enfoco de otra manera»

Esta respuesta indica que, aunque el enfoque sea diferente, el fin es el mismo. Se obtiene el mismo resultado, pero tú tienes un modo distinto de mostrarlo. Están las rutas directas y las paisajísticas. Cada una tiene sus beneficios. Cada una te lleva adonde quieres estar. La ventaja de esta respuesta es que se centra tanto en tu punto de vista como en la meta final. Hace hincapié en la colaboración en lugar de en el conflicto. Las dos personas queréis lo mejor en lo que sea que se esté tratando, tanto si es la familia como la empresa o el país. Simplemente, tú utilizas otro enfoque. Esta respuesta es efectiva en situaciones en las que:

- Discrepáis sobre lo que es «mejor» para un objetivo común.
- El método o plan de acción de la otra persona no considera ciertos factores.
- La otra persona se ha obcecado en hacer las cosas de cierta manera.

3. «Yo tiendo a decantarme por lo opuesto»

Al usar la historia y la experiencia como respaldo, te das un punto de anclaje o base para expresar tu opinión. En lugar de retar a la otra persona, como ocurre cuando dices «No estoy de acuerdo contigo», esta respuesta se basa en tus antecedentes, en lo que harías normalmente, lo que prefieres hacer o la forma en la que tiendes a pensar. Dialogar basándose en un modo de preferencia aleja tu postura de lo confrontativo. Cuando afirmas lo que haces normalmente, la gente está más dispuesta a aceptarlo que si muestras una reacción rápida que parece cerrarles una puerta en las narices. Esta respuesta es útil en situaciones en las que:

- La posición de la otra persona entra en conflicto con tus valores.
- Necesitas expresar la experiencia que tienes sobre la materia objeto de discusión.
- Ves una conclusión distinta partiendo de la evidencia compartida.

Cuando conoces el modo correcto de discrepar, te colocas en la postura más calmada y controlada de la conversación. Frases como las anteriores te ayudan a continuar las conversaciones, en lugar de cortarlas. Pero ¿qué ocurre si alguien es muy insistente y vuelve a la carga? Pues simplemente repite la frase tantas veces como haga falta. La otra persona acabará comprendiendo que no te vas a dejar avasallar.

Cuando te enfrentas a una persona difícil, no tienes que seguirle el juego. Niégate a que las disculpas falsas, las interrupciones repetidas y la necesidad de confrontación socaven tu confianza. Si te mantienes firme, utilizas una voz asertiva y no le das a la otra persona el chute de dopamina que está buscando, serás capaz de mantenerte en tu sitio y salir airoso.

RESUMEN DEL CAPÍTULO

✓ Mantenerte firme y no dejarte avasallar es autocuidado.

✓ La clave para responder a comentarios hirientes u ofensivos es negarte a ceder a la búsqueda de dopamina de la otra persona.

✓ Impide la gratificación inmediata de chute de dopamina de la otra persona usando estrategias que retrasen tu respuesta, como realizar una pausa larga, repetir lentamente sus palabras o hacerle una pregunta sobre sus intenciones.

✓ Sé firme con las disculpas falsas, las interrupciones o los retos confrontativos señalando mediante frases concisas y asertivas el comportamiento que está teniendo la otra persona.

✓ Cuando te niegas a seguirle el juego a una persona con hábitos de comunicación deficientes, te mantienes en tu sitio y no pierdes credibilidad.

9
Los límites

Para este aspecto no hace falta una historia ilustrativa. Está claro que es difícil decir que no. Cuando eras pequeño te resultaba fácil, pero en algún momento, a medida que te hacías mayor, te diste cuenta de que decir «no» tenía un coste. Si decías que no a la presión de tus compañeros, te marginaban. Decir que no a tus padres o al profesor implicaba un castigo o una riña. Si decías «no» a ciertas actividades, parecía que te pasaba algo malo o temías no caer bien.

Así que consentías, cedías, complacías a la gente para tener paz con todo el mundo excepto contigo mismo. Priorizabas la comodidad y los deseos de los demás por encima de tu propio bienestar, a menudo a expensas de lo que querías realmente. Con el tiempo, se creó un patrón repetitivo: ceder demasiado, sentir estrés, estar resentido, y vuelta a empezar.

Al aprender a decir que no recuperas tu poder para tomar las decisiones que satisfagan tus necesidades, pero también redescubres la libertad de la infancia de elegir sin miedo.

Puedes reaprender que es correcto priorizar tu bienestar, decir aquello que necesites expresar de manera que te honre a ti y a quienes te rodean. Y, cuando lo hagas, te darás cuenta de que es más sano, y de que te hace más feliz y te acerca más a quien eres de verdad.

Vamos a empezar poco a poco.

«¡Ping!».

En la esquina del portátil ves una notificación; es un mensaje de un colega del trabajo.

«Oye, ¿vamos a tomar café mañana en la nueva cafetería? Necesito mi chute de cafeína, juas».

Uf.

Lo primero que te sale es decir que no. No es que no te guste esa persona. Es bastante maja en realidad. Pero la ves como un amigo del trabajo, no como un amigo amigo. O sea, más como un conocido. Y no te apetece mucho pasarte una hora charlando de fruslerías cuando tienes tantas cosas que hacer.

Tienes ante ti tres opciones:

A. Aceptar.
B. Declinar.
C. Ignorar.

Tú y yo sabemos bien que querrías elegir la C. De hecho, seguro que ya has ignorado el mensaje y minimizado la ventana.

Sí, ignorar funciona, pero por las razones equivocadas. Hay un número limitado de veces que puedes ignorar a una persona antes de que se dé cuenta de que estás intentando evitarla. Cuando llegas a ese límite, la persona imaginará la razón por la que lo estás haciendo y casi seguro que será peor que la realidad. También puedes usar algún pretexto, claro, como esperar hasta el día siguiente a ver a tu colega en la oficina, o enviarle una respuesta: «¡Ay, perdona! ¡No había visto esto! Vaya, me habría encantado». Venga, hombre,

¿cuántas veces puedes hacer eso? ¿Y qué tipo de respeto hacia tu colega y hacia ti mismo demuestra?

He aquí otra razón por la que no es buena idea lo de ignorar: la decisión sigue ocupándote espacio mental, viviendo en tu cabeza sin pagar alquiler. Cada vez que veas ese mensaje sin leer, cada vez que el pensamiento te cruce la mente, sentirás el peso (por muy leve que sea) de una cuestión sin resolver. Ignorarlo no lo hará desaparecer. Solo pospondrá la decisión y dará lugar sin duda a una segunda conversación en otro momento: el colega volverá a preguntarte más adelante si estás disponible, poniéndote de nuevo en la misma situación. Más tiempo perdido, más estrés innecesario.

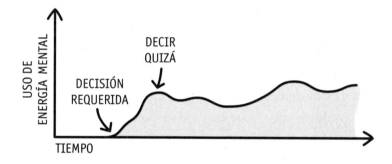

Cuando te invitan a algo que no te apetece hacer, tanto si es a una cena con esa pareja que no te cae muy allá como salir de noche cuando preferirías quedarte en casa, o hacer una escapada que no te interesa, no estás negociando con la otra persona.

Estás negociando contigo mismo.

Tu paz mental no es negociable. Ni siquiera para ti. La confianza significa que si quieres aceptar, aceptas. Y si no, no.

¿Cómo le dirías que no al mensaje de tu colega del trabajo? Asumo que estás pensando en algo de este estilo:

«¡Hola! Gracias por la invitación, pero no puedo. Ahora mismo estoy muy ocupado. ¡Lo siento!».

¿Cómo te hacen sentir este tipo de respuestas? ¿Estás siendo auténtico? ¿Te sientes cómodo? Seguramente no.

Voy a decirte cómo puedes arreglarlo. En el capítulo 7 has visto la manera de librarte de las disculpas innecesarias y las justificaciones involuntarias. Si aplicaras lo que vimos entonces, el mensaje quedaría así:

«Gracias por la invitación, pero no puedo». ~~«Ahora mismo estoy superliado. Lo siento»~~.

Desglosándolo, vemos que hay dos elementos. Por un lado, agradecimiento (gracias por invitarme), y a continuación la negativa (pero no puedo). El problema con esta secuencia de empezar por la gratitud y acabar con el «no» es que es demasiado tentador añadir una coletilla de justificación o excusa al final de la frase. Por ejemplo: «Gracias por la invitación, pero no puedo... porque tengo que hacer una cosa y estoy demasiado ocupado y...».

Otro problema que tiene esta secuencia es que coloca la pelota sobre el tejado de la otra persona para que te pregunte por qué o inquiera más, ya que al acabar con un «pero no puedo», casi parece que estás esperando que la otra persona muestre preocupación y responda: «Ay, vaya, y ¿por qué no?» o «Anda, y ¿por qué?». Y uno de los mayores problemas que tiene este orden es que te obliga a utilizar la palabra «pero» («Gracias, pero...»), que realmente anula toda la declaración previa de gratitud.

Hay un modo mejor de hacerlo. Para empezar a construir tu autoconfianza diciendo que no a simples invitaciones y propuestas sociales, prueba a seguir estos tres pasos:

Paso 1: Di no.
«No puedo».
«No voy a poder».
«Tengo que decir no/Tengo que pasar».
«Me he prometido que...».

Paso 2: Muestra agradecimiento.
«Gracias por invitarme/incluirme/pensar en mí».
«Es muy amable de tu parte/Ha sido todo un detalle».
«Te agradezco que me lo hayas propuesto».
«Me honra/me halaga...».

Paso 3: Muestra amabilidad
«¡Suena genial!».
«¡Espero que vaya muy bien!/¡Sé que irá muy bien!».
«¡He oído cosas muy buenas sobre...!».
«¡Espero que salga todo genial!».

Esta secuencia funciona por varias razones.

En primer lugar, comienzas con el no porque es directo, y ser directo es ser amable.

En segundo lugar, complementas el no con el agradecimiento, con lo que reconoces el valor del gesto y también devuelves la atención. Y al decir que no y luego agradecer, eliminas la necesidad de usar «pero» en tu respuesta.

Por último, al rematar siendo amable, terminas la respuesta con un tono agradable que no suscita un: «¿Por qué no?», sino un: «¡De nada!» o «¡Se te echará de menos!». Y, sobre todo en los mensajes de texto o las comunicaciones escritas, usa emoticonos cuando sea apropiado para procurar darle al receptor un contexto emocional.

Así que volvamos a nuestro portátil imaginario y la invitación a tomar café de tu colega del trabajo. En lugar de borrar la notificación o no responderla, contestas:

«No puedo, gracias por la invitación. ¡He oído que el sitio está muy bien!».

Es raro que una respuesta clara y llena de confianza como esta suscite alguna objeción o réplica. Compárala con la más desmañada: «Gracias por la invitación, pero no puedo».

Una advertencia seria: si aun así te piden una justificación, una explicación o una razón por la que has dicho que no, no la des, a menos que la otra persona sea alguien a quien quieres mucho y en quien confías y con quien te sientas cien por cien cómodo siendo abierto. Si sientes la necesidad de responder, limítate a repetir la negativa. En el caso de la invitación a tomar café, si tu colega del trabajo respondiera: «Ay, ¿por qué no?», le contestarías repitiendo: «No puedo». En ese punto, serás más frío por la razón de que no necesitas justificarte ni dar ninguna excusa cuando estás eligiendo lo que es mejor para ti.

«No» es la única razón que necesitas. «No» es una frase completa.

Si sientes que defraudas a la otra persona, asume ese sentimiento. Trabájalo. No dejes que te genere malestar ni que mine tu confianza. Forma parte del proceso de reafirmar tus necesidades y tu libertad. Normalmente, cuando sientes que estás decepcionando a otra persona, tiene que ver en un 98 por ciento con el ego y en un 2 por ciento con la verdad. Es decir, gran parte de tu sentimiento proviene de que te convences a ti mismo de que la otra persona necesita tanto de tu presencia que le afectará mucho que digas que no, que eres tan vital para que se encuentre bien que no tiene la resiliencia emocional necesaria para asumirlo.

Es raro que tú o yo seamos tan importantes para otras personas. Respira hondo y pasa página. Cuando estás tratando de reafirmarte y no dejarte avasallar, la sensación de que defraudas a alguien suele querer decir que estás haciendo bien las cosas.

Pasemos ahora a las conversaciones más difíciles, es decir, los comentarios y las preguntas que te resultan incómodos, los que te hacen personas que sabes que son tóxicas y manipuladoras, los que piden demasiado de ti.

¿Cómo les dices que no?

Cómo establecer límites

Seguramente has oído hablar de los límites en relación con el respeto por uno mismo o la autoestima. Aunque el tema te resulte familiar, ten en cuenta que el uso de las palabras adecuadas para establecer un límite requiere cierta pericia. No se trata solo de fijar límites, sino también de comunicar de manera asertiva cuáles son. Rechazar una invitación social puede compararse a cerrar una simple puerta, mientras que establecer asertivamente un límite es más como construir una fortaleza con un foso.

Define el perímetro

Normalmente oirás a la gente referirse a los límites personales con expresiones como: «trazar una línea» o «pasarse de la raya». Estas descripciones son muy flojas. Un límite es algo más que una línea. Se trata de un perímetro. Piensa en ello como un círculo o un rectángulo: no tiene principio ni fin. El área está totalmente cerrada y demarca un espacio diferenciado y único para su dueño. Al volante de tu coche habrás visto las vallas que delimitan las propiedades en las carreteras rurales o en los barrios residenciales. Las vallas son importantes porque te indican que esos lugares pertenecen a alguien que valora el espacio que están delimitando. La valla es tanto un medio para mantener fuera a la gente como un aviso de hasta donde puedes llegar antes de cometer un allanamiento; comunica visualmente los límites del espacio. Los límites personales funcionan de un modo parecido.

Comienzan con aquello que es importante para ti. Tus límites informan al mundo exterior de cuáles son tus valores, lo que te importa verdaderamente. Puede que sea tu salud, tu familia, tu carrera, tu bienestar, tu autoestima. Es decir, las cosas que merece la pena proteger.

Por ejemplo, digamos que tu principal prioridad es tu familia. Eso no es un límite, sino un valor. E informas al mundo exterior que es un valor prioritario para ti cuando declinas participar en ese acto social que implicaría no estar en casa a la hora de acostar a tus hijos. O cuando no aceptas esa oferta de trabajo que habría supuesto pasar menos tiempo con tu pareja. Al igual que la valla de la que hablábamos antes, esas negativas son una indicación clara de dónde se encuentra tu límite.

Puede que tu prioridad sea tu salud mental. Cuando dices que no a esa reunión familiar que siempre te hace sentir mal contigo mismo o decides no seguir frecuentando a ese amigo que siempre te roba la energía emocional, las otras personas toman nota de la «valla» que has construido.

Tus actos y tus elecciones definen el límite que marcas alrededor de las cosas que valoras. Son los que informan a los demás de qué es lo que te importa. La importancia de tu familia o el valor de tu salud mental no se convierten en un límite hasta que no empiezas a hacer elecciones deliberadas que advierten a las otras personas de que «no pueden entrar ahí». En la construcción de tu autoconfianza tienes que ser el «portero» de tu propia autoestima; debes informar a los demás de lo que dejas entrar y lo que no.

Los beneficios de los límites son innumerables. Constituyen la piedra angular de las relaciones sanas, la comunicación sincera y el respeto por uno mismo. Al establecer límites, no solo proteges tu bienestar emocional y mental, sino que también educas a otros para que comprendan y respeten tus necesidades. Los límites también te ayudan a prevenir el desgaste emocional y el resentimiento, permitiéndote invertir tu tiempo y tu energía en lo que realmente te importa.[1] Gracias a ellos, puedes hacer elecciones que estén en consonancia con tus valores y prioridades, y que promuevan tu libertad y tu autonomía. También son una forma de autocuidado: estás lo bastante presente como para proteger tu paz. A medida que te sientas más cómodo creando estos límites, notarás una sensación más profunda de control sobre tu vida y mayor capacidad de entablar interacciones con asertividad y fortalecer tu confianza.

Conoce tu manual

Quiero que te retrotraigas a algún momento en que alguien te habló de una manera en que te sentiste minusvalorado. Una pelea con una expareja. Una discusión con un superior. Un momento en el que te avasallaran o te minimizaran, sin que hubieras establecido ningún límite que te ayudase.

Recuerda específicamente cómo te sentiste. Si tuviera que adivinarlo, diría que la sensación de control por tu parte brilló por su ausencia. Que te arrinconaron hasta la impotencia y que en todo momento te dedicaste nada más que a reaccionar frente a la amenaza que tenías ante ti, como si te hubieran arrebatado tu autonomía, como si alguien tuviera un mando a distancia para encender y apagar tus emociones y hubiera estado apretando los botones y cambiando de canal sin tu consentimiento y tú hubieras tenido que estar mirando cómo se desenvolvía tu dolor ante ti.

En lugar de entregar a los demás el mando a distancia de tus emociones, de permitirles que aprieten los botones y tengan todo el control, adopta la actitud de «repartir manuales» a la gente. Entiendo aquí «manual» como una lista de noes automáticos que dará voz a tus límites e indicará a las otras personas en detalle cuál es tu funcionamiento, cómo operas tú. Piensa en ello como en explicar las normas de un juego de cartas. Estarás proporcionando las reglas y las instrucciones para que las cosas avancen. Comprueba, a continuación, la diferencia entre una y otra actitud:

- Cuando ellos tienen el mando a distancia, tú gritas: «¡Deja de chillarme!».
- Cuando les das el manual, dices: «No respondo si me hablan tan alto».
- Cuando ellos tienen el mando a distancia, tú gritas: «¡No puedes hablarme así!».
- Cuando les das el manual, dices: «No acepto el modo en que me estás hablando».

En el primer caso estás diciendo: «No tengo el control». En el segundo afirmas: «Tengo el control».

El manual no es solo para las otras personas, sino que también es para ti, lo que plantea una pregunta importante: ¿Sabes qué dice tu manual? Hay probabilidades de que no. Y, si no lo sabes tú, ¿cómo van a saberlo los demás? La solución consiste en confeccionar una lista numerada, un conjunto de instrucciones de cómo vas a comunicarte en tu próxima conversación. Escribe con frases completas este manual que detalla tu funcionamiento. Necesitas saber a qué cosas dirás no y cuáles son tus límites. Por ejemplo:

- «Cuando me faltan al respeto, no respondo».
- «No tolero que nadie me diga o decida cómo tengo que sentirme».
- «No mantengo conversaciones si no estoy preparado».
- «No descarto mi intuición tachándola de irrelevante».
- «No arriesgo mi paz mental para apaciguar a nadie».
- «No participo en cotilleos ni en crucificar a nadie».

Verás que el acto de poner estos puntos por escrito te aporta una sensación de seguridad. Si sigues tu manual, sentirás más autoconfianza para marcar tu terreno la próxima vez que alguien te insulte, te boicotee o ponga en tu boca palabras que no hayas dicho. La próxima vez que alguien te diga: «Ni siquiera te importa mi opinión; solo te importas tú», te sentirás lo bastante empoderado como para responder tranquilamente: «Eso es cosa mía». Reemplazarás la capacidad que tiene la otra persona de influir en tus emociones por un proceso que funciona en tu beneficio.

Aplica el límite

Una vez que conoces tu manual y los valores que necesitas proteger, ya puedes aplicar el límite, lo que significa hacer saber a la otra persona que está vulnerándolo y, lo más importante, que no va a dar un paso más. He aquí cómo aplicar tus límites:

1. *Empieza expresando el límite*

Comienza con una frase en primera persona, tal y como hemos visto en el capítulo 8, e inserta ahí el límite. Al hablar en primera persona dejas claro que te estás refiriendo a algo tuyo, una elección propia. Si has hecho los deberes del libro, esta parte será la más fácil. En función de lo que valores, podría sonar así:

- No acepto la manera en que me estás amenazando.
- No trabajo los fines de semana.
- No bebo alcohol.

Ten en cuenta que los límites no siempre se expresan con frases negativas. También pueden redirigir conversaciones, reajustar enfoques o clarificar tu interés en una comunicación constructiva. He aquí una buena regla de oro:

- **Dile a la persona por qué estás ahí.** Cuando sacan a relucir una cuestión que no tiene nada que ver con lo que estáis hablando o tratan de desviarse del tema, vuelve a centrar la conversación. Este es un límite de presencia.
    – «Estoy aquí porque me importas».

- **Recuerda a la persona cuál es la razón de la conversación.** Si se pone a traer a colación asuntos del pasado o atacar tu carácter, corrige el enfoque. Este es un límite de propósito.
  - «Estoy aquí para hablar de lo que dijiste el viernes pasado».

- **Dile a la persona a dónde no quieres ir.** Cuando saltan con algo intempestivo o tratan de conseguir una reacción emocional, sé firme. Este es un límite de integridad.
  - «Ahí no voy a entrar».

Una vez que has expresado un límite, se trata de un punto final. No caigas en la tentación de justificarlo o explicarlo. Es la otra persona la que tiene ahora la pelota en su tejado para decidir si va a respetar tu límite o no.

2. Añade la consecuencia

Si la otra persona ha dejado claro que no tiene la intención de respetar tu límite, añade una consecuencia. Esto es lo que va a suceder si continúa traspasando el límite que has expresado. Aquí hay dos pasos que dar:

- El primero es un condicional: «Si sigues…».
- El segundo es pasar a la acción: «Voy a…». Como recordarás del capítulo 7, esta frase genera autoconfianza, pero esta vez, además, apoya la aplicación del límite.

Así es como sonaría el límite después de añadirle la consecuencia:

- «No acepto el modo en que me estás tratando. Si continúas así, voy a dar por zanjada la conversación».
- «No trabajo los fines de semana. Si continúas programándome trabajo para el fin de semana, voy a buscar otro sitio donde apoyen el compromiso que tengo con mi familia».
- «No bebo alcohol. Si continúas presionándome, me voy a marchar».

3. Sé coherente

Esta parte es la más difícil. Si vas a añadir una consecuencia, tienes que decirlo de verdad. La asertividad es decirle a la otra persona que vas a hacer algo, y luego hacerlo. Eso significa que si continúan ignorando tu límite, te irás de la habitación, empezarás a buscar otro trabajo o te irás de la fiesta y te relacionarás con amigos que respeten tus elecciones. Estarás mostrando que lo que dices y lo que haces son una y la misma cosa. No puedes dar ni un solo paso atrás. Sea cual sea la respuesta emocional que salga por su boca, no puedes morder el anzuelo de seguir con una conversación que ignore el límite que has trazado. La coherencia es crucial.

Cómo cambia tus relaciones el establecimiento de límites

Cuando empiezas a poner límites y a aplicarlos, hay algo que necesitas saber. No a todo el mundo le gusta. Algunas personas incluso lo odian. Pero aun así te respetarán por ello.

Los límites te servirán para cribar a aquellos que están a tu lado no por quien eres, sino por lo que ellos necesitan de ti, algo que se da incluso entre amigos íntimos o familiares. Habrá personas que prefieran la versión de ti sin límites. Este es un momento para vigilar y observar quién permanece a tu lado, quién es realmente tu gente. Quienes te quieran de verdad te apoyarán. Quienes solo te quieran por lo que les das se pondrán en tu contra. La gente que critique tus límites estará simplemente reaccionando a una pérdida de privilegios; antes podían saltarse la cola, mientras que ahora tienen que esperar como el resto.

Su incomodidad con tus límites no es señal de que tú estés actuando mal, sino precisamente de que tu estrategia está funcionando.

Grábate la frase: «No, esto no tiene que parecerte lógico. No he marcado unos límites para que tú estés cómodo. Los he marcado por mí».

Algunas personas no lo entenderán enseguida, y no pasa nada. Dales la oportunidad de que se acostumbren al cambio. Será una época en que se pondrán a prueba y se recalibrarán tus relaciones.

Una advertencia rápida: tampoco se trata de que marques demasiados límites y te conviertas en ese tipo de persona que tiene tantos que reniega de toda responsabilidad, de modo que no se presta ni a la colaboración más básica ni a atender peticiones razonables. Un límite no es un cheque en blanco para las excusas. No justifica el mal comportamiento. No te exime de tus obligaciones. La existencia de demasiados límites puede ser contraproducente, así que limítate a crear un perímetro en torno a las cosas que valoras de verdad en tu vida.

Los límites son los guardianes de tu bienestar. Refuerzan lo que permites acceder a tu vida e impiden que entre lo que no necesitas. De modo que asegúrate de que esos guardianes sean valientes y estén visibles. Piensa en esa persona con la que sabes que necesitas tener «esa» charla. ¿Qué límites vas a establecer? ¿Qué consecuencias debes tener en mente en el caso de que no los respete? ¿Y cómo de decidido estás a cumplirlas?

Cuando hayas pasado un tiempo poniendo en práctica todo esto, verás que pasas más tiempo con relaciones que llenan tu copa en lugar derrámartela.

RESUMEN DEL CAPÍTULO

- ✓ «No» es una frase completa.

- ✓ Superarás el miedo a decir no si aprendes a aceptar las consecuencias. Asume la incomodidad que te causa defraudar a la gente y confía en que son emocionalmente más resilientes de lo que te estabas imaginando.

- ✓ Tus acciones y elecciones definen el límite que trazas en torno a las cosas que valoras. Si quieres saber lo que valora alguien, busca el perímetro de sus límites.

- ✓ En lugar de un mando a distancia, entrega a los demás un manual de funcionamiento para que sepan cómo deben comunicarse contigo. Infórmales de lo que permitirás que traspase y que no traspase tus límites.

- ✓ Si tus límites le causan incomodidad a otra persona, no es señal de que sean equivocados, sino de que están funcionando.

REGLA 3:
Dilo para conectar

10
Enmarcar la conversación

Recuerdo la primera vez que mi madre me llevó a comprar unas zapatillas de deporte nuevas en la época de la vuelta al cole. Entramos en el centro comercial Parkdale, pasamos por delante de la zona de restauración y giramos en la esquina, desde donde vi un escaparate muy grande con un cartel de luces rojas de neón que decía Foot Locker. Yo no cabía en mí de la emoción. Tenía en la cabeza exactamente el tipo de zapatillas que quería. Necesitaba que me hicieran saltar muy alto, así que debían tener buena amortiguación, y también correr muy rápido, así que tenían que ser ligeras. Y además tenían que ser chulas.

Al entrar en la tienda me quedé boquiabierto. Había cientos de zapatillas. Y todas tenían pinta de que podían hacerme saltar alto y correr rápido. Y eran chulas.

Mi pobre madre. Casi los vuelvo locos a ella y al dependiente probándome un montón de zapatillas diferentes. Y cada una de las veces, mi madre hundía el pulgar en la punta para comprobar si me quedaban cortas o largas. (¿Hacen eso todas las madres?). Cada una de las veces, me hacía caminar hasta el final de la tienda y volver. Había tantas opciones... Era abrumador. No íbamos a terminar nunca.

Pero bueno, al final mi madre se cansó. Se acercó a la pared, cogió dos pares distintos, se volvió a mí y dijo: «Elige uno».

—¿Qu-qué? ¿Y todas las demás? —pregunté.

—Nada, olvídate de ellas —dijo meneando la cabeza y mirándome de esa manera que miran las madres—. Elige.

Elegí mi primer par de Nike Shox, que resultó ser el primero que me había probado.

Mi madre, con su sabiduría, sabía que menos opciones pueden llevar a mejores resultados.

Con las conversaciones ocurre lo mismo. Si en una conversación no hay un objetivo, parecerá que no estás hablando de nada. Si tiene muchos, seguirás sintiendo lo mismo. Y no, no me refiero a conversaciones informales, charlas con amigos y gente del trabajo, o al repaso de la jornada que haces con tu pareja al final del día. Hablo de conversaciones que tienen que lograr una meta específica: conectar. Cuando limitas los caminos que puede tomar una conversación, estás ayudándote a ti y ayudando a la otra persona a facilitar la conexión y a encontraros en ella.

No puedo prometerte que esta estrategia vaya a ayudarte a correr más rápido o a saltar más alto.

Pero sí puedo prometerte que funciona.

Qué es enmarcar una conversación

Para crear una conexión clara con alguien, tienes que darle un marco a las conversaciones. Igual que los marcos de los cuadros delimitan y realzan la obra de arte, en la comunicación, restringen los temas que se tratarán y amplifican la atención sobre el objeto de la conversación.

Al enmarcar una conversación, la otra persona tiene menos opciones de salirse del tema. Se ajusta el enfoque del diálogo. Con un marco conversacional, no te preguntarás por qué estás hablando, de qué estás hablando y cómo se supone que acabarás. Puedes comunicarle a la otra persona tanto tus necesidades como tus expectativas y actuar en un contexto mental común. Los dos tocáis siguiendo la misma partitura. Los dos conocéis la canción, las notas y el tempo.

También quedará claro que las cuestiones irrelevantes o ajenas al tema que tratáis están fuera del marco de la conversación. Y, como el marco establece el cauce por donde discurrirá la conversación, habrá menos tentación de desviarse.

Sin un perímetro, las conversaciones vagan y no se asientan en un tema concreto, como cuando buscas un par de zapatillas perfectas entre cientos de ellas. El tema de la conversación se mueve de un sitio a otro, vuelve atrás o se aleja por completo del punto inicial. Puedes empezar hablando de una cosa y acabar tratando otra completamente distinta. Cuando el tema se pierde, el perro pastor que necesitas para llevarlo de nuevo al redil es un marco.

En las conversaciones que se entablan sin un marco pueden darse distintos resultados poco útiles:

- La conversación dura más porque no se ha delimitado el tema.
- Cuanto más tiempo hables, más probabilidades hay de que te malinterpreten o de que se generen confusión y malentendidos.
- Terminas la conversación sintiendo que no has avanzado o, peor, que has dado dos pasos atrás.

Las conversaciones sin dirección alguna tienen todas las papeletas para descarrilar. Empezar una conversación de manera vaga como: «Eh, ¿podemos hablar? Mira, ¿te acuerdas de cuando hace unos meses…» o «Necesito decirte algo. Seguro que no es nada, pero…» no es muy útil porque abre el diálogo sin una meta (e incluso pueden hacer más daño).

Demasiado a menudo, esperas a estar hablando para pensar en qué vas a decir. Se te da bien despegar, o sea, iniciar la conversación, pero no sabes cómo aterrizar. Por lo tanto, hablas a trompicones, dando rodeos, hasta que por fin descubres lo que quieres decir. Esperas hasta el final, después de diez minutos de monólogo, para dejar caer tu: «Todo esto viene a que…».

Sin embargo, para entonces, suele ser demasiado tarde y has perdido la oportunidad de conectar.

Cuantos más temas o elementos introduzcas en una conversación, más pesada se volverá y menos oportunidades tendrás de llevarla a algún sitio. Sin una meta o un marco claros desde el principio, la conversación puede cansar rápidamente a la otra persona. Cuanto más tardes en llegar al meollo, más se desgastará su atención, y acabarás perdiéndola.

Si alguna vez te ha pasado que, por toda respuesta, tu interlocutor te hiciera alguna de las siguientes preguntas, hay muchas probabilidades de que la conversación no estuviera bien enmarcada:

- «Entonces no quieres ir a la fiesta, ¿no?» (cuando sí que quieres).
- «Y ¿qué es lo que quieres decir?» (cuando creías que lo habías dicho claramente).
- «Y ¿qué es lo que quieres que haga?» (cuando no quieres que hagan nada).

A menudo este tipo de preguntas pueden llevarte a gritar: «¡No te has enterado de nada!» o «¡No me escuchas!». Pero las preguntas que deberías hacerte son: ¿He explicado bien lo que quería decir? ¿He enmarcado bien lo que pretendía expresar para que fuera claro y conciso? ¿He obligado a mi interlocutor a ponerse a buscar una aguja en un pajar?

Los parámetros poco claros obligan al interlocutor a jugar a detectives, lo que puede ser una experiencia bastante frustrante. Has tenido a esa persona escuchando cómo divagabas mientras se preguntaba a dónde querías llegar, y es posible que no tenga ni idea de lo que te pasa por la mente, de qué quieres hablar realmente o de lo que le estás pidiendo en última instancia. Estas preguntas sin respuesta activan uno de los peores detonadores psicológicos: el miedo a lo desconocido.

El miedo a lo desconocido inyecta ansiedad en las conversaciones, sobre todo en el caso de personas con tendencia a ponerse en el peor de los casos cuando la comunicación no se desarrolla en un espacio definido. La pérdida también se convierte en un detonador cuando la otra persona teme haber hecho algo malo y que tú quieras acabar con la relación.

Estos miedos se intensifican hasta activar la fase de ignición del interlocutor y causan reacciones emocionales excesivas o comportamientos agresivos como los gritos: «¡No sé qué es lo que quieres!». O bien te ponen a ti en la tesitura de tener que preguntar: «¿Por qué te enfadas tanto? ¡Solo estoy intentando hablar contigo!».

El problema radica en los parámetros indefinidos. Cuando tu interlocutor no sabe qué estás planteando exactamente, se queda en suspenso preguntándose cómo va a acabar la cosa o si caerá el martillo. No hay entendimiento ni comprensión. Y, desde luego, no hay conexión alguna.

Ten en cuenta que también necesitas saber qué no es enmarcar una conversación. Enmarcar una conversación no es:

- Dictar tú solo los términos de la conversación sin dejar espacio para las aportaciones o preocupaciones de la otra persona.
- No permitir que la otra persona discrepe o se defienda.
- Un marco injusto para el interlocutor.
- Que tú puedas salirte del marco cuando te convenga.
- Que tú seas el único que pueda expresar lo que piensa.

El marco de la conversación se aplica tanto a ti como a tu interlocutor. Te permite tanto a ti como a la persona que tienes delante saber exactamente qué esperar, con un propósito claro y poco espacio para la confusión. Otro modo de plantear el marco es pensar en él como un mapa. Si quieres que la otra persona viaje contigo del punto A al punto B, tienes que decirle cuál es tu destino, y necesitas eliminar cualquier ansiedad que pueda albergar el interlocutor relacionada con llegar a ese destino.

Cómo enmarcar una conversación

Prueba a enmarcar primero tu nueva conversación. No esperes a hacerlo cuando la otra persona diga algo que no te gusta. Eso no es justo. Establece el marco desde el inicio de la conversación. He aquí cada uno de los pasos que debes dar, seguidos de ejemplos para que puedas ver cómo sonarían exactamente en una conversación real.

1. Fija una dirección

Empieza diciéndole a la otra persona exactamente de qué quieres hablar. Tus palabras deben ajustarse a la meta de la conversación y a tus valores. Por ejemplo:

- «Quiero hablar contigo sobre los comentarios que hiciste en la reunión de ayer».
- «Me gustaría hablar sobre expectativas salariales».
- «Necesito hablar sobre los planes para el martes por la tarde».
- «Me gustaría hablar contigo sobre un tema personal».

2. Expresa cómo quieres que acabe

A continuación, dile a la otra persona cómo quieres que acabe la conversación. Aquí estarás proyectando el resultado que pretendes y fijando el curso de la conversación. Detalla exactamente cómo quieres sentirte cuando acabe vuestro diálogo. Sé lo más específico que puedas. Te pueden ayudar estos ejemplos en los que el principio de la frase sería «Y al final...»:

- «... quiero que nos sirva para tener una relación de trabajo más fuerte».
- «... quiero que nos sirva para saber que seguimos respetándonos mutuamente».
- «... quiero que me hayas escuchado sin que sientas que necesitas hacer algo al respecto para arreglarlo».
- «... quiero que sepas que sigo queriéndote y que quiero que estemos juntos».

3. Pide su aquiescencia

Termina de enmarcarla asegurándote de que el interlocutor consiente en tener la conversación.
Por ejemplo:

- «¿Te parece bien?».
- «¿Estamos de acuerdo en eso?».
- «¿Lo ves factible?».

Ahora vamos a ver los tres pasos en acción.
Imagina que estás hablando con un colega en una zona privada de la sala de café. Aplicando los tres pasos para enmarcar una conversación, tus primeras frases sonarían algo así como:
«Gracias por reunirte conmigo. Me gustaría hablar un momento sobre lo que dijiste durante la sesión de esta mañana, y quiero que sirva para que los dos comprendamos mejor lo que le importa al otro y cómo podemos mejorar. ¿Te parece bien?».
Otro ejemplo:
«Gracias por tomarte el tiempo de venir. Me gustaría hablar sobre las expectativas para este trimestre, y quiero que sirva para aclarar si estamos comprometidos con las mismas prioridades. ¿Lo ves bien?».
Otro ejemplo más, esta vez en el contexto de una relación de pareja:
«Me gustaría hablar sobre cómo percibí tu comportamiento ayer por la noche, y no estoy diciendo que ninguno de los dos tenga razón o esté equivocado. Lo que me gustaría es que sirviera para saber cómo podemos apoyarnos mejor el uno en el otro. ¿Quieres hacerlo?».

Con parámetros hiperclaros como estos, es poco frecuente que la otra persona te diga que no.

Esta estructura aprovecha los beneficios naturales de un marco al definir lo que está incluido y excluido. Es decir, el marco determina aquello en lo que consistirá la conversación y aquello en lo que no.

Un marco también le dice a la otra persona que habrá, de hecho, un fin. Al fijar el ámbito de la conversación también se potencia que el interlocutor preste oídos, pues sabrá que no tendrá que estar escuchando más que lo incluido en el marco. En última instancia, enmarcar las conversaciones fortalece la conexión entre emisor y receptor.

Un marco, una cuestión

«Bueno, hoy tenemos mucho que tratar», comienza tu jefe.

Inmediatamente, todo el mundo que ha acudido a la reunión empieza a suspirar y a levantar los ojos al techo. ¿Por qué? Porque esta apertura sienta las bases de un debate disperso y potencialmente abrumador en el que se va a diluir el enfoque en demasiados temas. El mero hecho de que haya un orden del día no significa que vaya a ser efectivo o de interés.

«Uf —quizá pienses—. Esto podría haberse abordado en un correo electrónico. Menuda pérdida de tiempo». En el fondo, sabes que no van a cubrirse la mayoría de las cuestiones (o no van a cubrirse bien). También sabes que seguramente habrá otra reunión tras esta. No tienes ninguna confianza en que se consigan resultados ni en que se vayan a dar pasos o extraer conclusiones. Es la típica reunión en la que te reúnes para poder decir que te has reunido, y hablas para poder decir que has hablado. Es difícil crear una conexión fuerte cuando se intenta abarcar tanto.

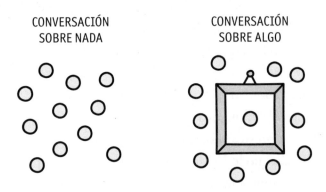

Esa es la razón por la que el marco de una conversación debe limitarse a un solo asunto.

Imagina que el director hubiera empezado diciendo: «Hoy vamos a centrarnos en cómo mejorar nuestro proceso para recabar opiniones de los clientes». Tendrías más claro el propósito de la reunión y seguramente te sentirías más interesado. Esta especificidad ajusta el enfoque de todo el mundo. Cuando acaba la reunión y se ha abordado el asunto, todo el mundo sale más contento porque la conversación ha sido más productiva y significativa y ha merecido la pena dedicarle tiempo.

La estrategia «Un marco, una cuestión» es importante para que las conversaciones sean concisas y estén bien encauzadas. Cuando una conversación tiene solo un marco, se dan dos beneficios:

1. Te ves obligado a sintetizar y centrar tu esfuerzo justo en lo que necesitas decir, eliminando el relleno.

2. Creas un espacio más profundo para el debate reflexivo sobre el tema en cuestión.

Cuando no estás pasando de una cuestión a otra, hay más probabilidades de profundizar. Hay más espacio para explorar los matices, considerar distintas perspectivas y colaborar en las soluciones. La estrategia «Un marco, una cuestión» anima a todas las personas implicadas a estar presentes y participar, en lugar de estar preparándose mentalmente para el siguiente tema de un orden del día extenso.

En la práctica, aplicar esta estrategia podría consistir en dividir una reunión genérica en varias microsesiones más pequeñas y específicas. O, si los asuntos van a tratarse por correo electrónico, podría abordarse cada tema en un mensaje distinto que se envíe solo al responsable correspondiente, en lugar de acumular muchos temas en una sola comunicación con un «Responder a todos».

Recuerda: la claridad es amable. Este método respeta el tiempo y los recursos cognitivos de todo el mundo y conduce a conexiones más estrechas.

Cómo volver a encarrilar una conversación

No es culpa de nadie, pero ocurre a menudo que, de algún modo, la conversación se sale del marco que se ha establecido en un principio. Puede que se empiece a hablar de algo totalmente ajeno al tema o que una digresión no encuentre el camino de vuelta al asunto principal. No es algo que se haga aposta. También es totalmente normal permitir un desenvolvimiento natural dentro de las conversaciones. Si esta situación se convierte en un problema, el truco más sencillo para encauzar de nuevo la comunicación es nombrar en voz alta la palabra definitoria del objetivo de la conversación.

Por ejemplo, puede que tu interlocutor y tú os hayáis desviado hablando de lo mal que os cae Gary, el de contabilidad, cuando se suponía que estabais hablando del presupuesto de marketing. Un uso rápido de la palabra «marketing» puede volver a poneros en vereda. O también puedes expresar lo obvio con la frase: «Nos estamos saliendo del tema». No pasa nada, es normal.

Pero a veces las cosas no son tan inocentes. En las conversaciones delicadas se puede caer fácilmente en los ataques personales o sacar a relucir agravios del pasado que disuadan de alcanzar el objetivo propuesto. Esta táctica se utiliza a menudo, intencionadamente o no, para desviarse de la cuestión objeto de debate o para sacar ventaja en una discusión inminente. Cuando ocurra esto, es crucial reconocer que se está produciendo un alejamiento del diálogo productivo y volver a llevar la conversación al marco que se había establecido.

Consideremos dos situaciones distintas para ilustrar todo esto. En la primera, tú eres la persona que ha llevado la conversación por mal camino. Has dicho algo que no debías y ahora las cosas se han puesto feas. Para solucionarlo, tienes que dar tres pasos rápidamente:

1. Disculparte por lo que has dicho, que ha hecho descarrilar la conversación:
    a. «Lo siento, no debí decir eso».
    b. «Siento haber levantado la voz».
2. A continuación, expresar por qué lo que has dicho os ha distanciado del objetivo de la conversación.
    a. «Lo que he dicho no ha ayudado en nada».
    b. «Lo que he dicho ha sido injusto».
    c. «Lo que he dicho se aleja de lo que habíamos acordado que sería la conversación».
3. Inmediatamente, retomar el hilo de la conversación donde estaba antes de que se estropearan las cosas.

He aquí cómo podrían sonar estos pasos todos juntos: «Eh, lo siento. No debí levantar la voz. No ha ayudado en nada y se aleja de lo que habíamos acordado que sería la conversación. Quiero entender cómo podemos hacer para que no vuelva a ocurrir lo que pasó ayer».

En la segunda situación, es la otra persona la que hace descarrilar la conversación. Se trata de una táctica defensiva común que, si no se controla, convierte rápidamente la conversación en una discusión. Imaginemos que quieres hablar de un incidente que ocurrió en casa de un amigo. Tú has establecido un marco y tu amigo ha estado de acuerdo con él. Pero, al cabo de quince minutos, tu amigo se sale por la tangente: «¿Ah, sí? ¿De verdad? ¿Conque esas tenemos? ¿Y qué me dices de cuando tú hiciste exactamente lo mismo hace tres semanas?».

Los comentarios de este tipo son producto de la fase de ignición en que ha entrado la otra persona: quieren que el foco deje de apuntarlos a ellos. Normalmente, tratarán de hacer una de las dos cosas siguientes:

1. Poner el foco en ti para desviarlo de ellos.

2. Nivelar la situación sacando a colación algo (normalmente del pasado) que podría igualar su comportamiento con el tuyo, en plan «y tú también».

Cuando tu conversación se salga del marco de esta manera, es crucial que controles tu cuerpo para minimizar tu fase de ignición. A fin de evitar que la discusión se dispare, prueba a decir estas frases de manera tranquila y controlada:

1. «Entiendo tu comentario. Pero necesito acabar la conversación que hemos empezado. Y luego, si hace falta, podemos volver sobre lo que has dicho y abordarlo».
2. «No cambiemos de tema. Acabemos con lo que estábamos hablando y ya trataremos después eso si hace falta».
3. «Es verdad que también podemos hablar de eso. Pero vayamos punto por punto».

La clave de estos enfoques es reconocer primero lo que ha dicho la otra persona, y luego controlar tu respuesta de manera que volváis a centraros en el tema de la conversación. Lo que no debes hacer es descartar su comentario diciendo cosas como: «¡Eso ahora no viene a cuento!» o «¡Estás desviándote del tema!». Si usas comentarios despreciativos de este tipo solo conseguirás añadir otra capa al conflicto. Da igual si el comentario estaba realmente fuera de lugar o si tu interlocutor trataba de desviar el tema: no hará ningún bien. Así que recuerda: reconoce y luego controla.

Dar un marco a la comunicación es una herramienta muy potente para conectar tanto en conversaciones grandes como pequeñas. La próxima vez que estés en una reunión o en un debate y sientas que estáis hablando en círculos o que no estáis llegando a ningún sitio, prueba a enmarcar la conversación. Elige un tema. Fija una dirección. Preanuncia el contenido de la comunicación. Y obtén la aquiescencia de los interlocutores. Reducirás las distracciones y minimizarás los malentendidos. Aumentarás la atención y la conexión. Conseguirás más cosas en menos tiempo. Y la otra persona pensará que respetas su tiempo y su punto de vista.

RESUMEN DEL CAPÍTULO

✓ Cuantas más cuestiones se aborden en una conversación, menos probabilidades hay de que sea productiva o de que se logre resolver algo.

✓ Para conectar con la otra persona, tienes que asegurarte de estar siempre hablando en el marco de un propósito y una dirección.

✓ Para impedir que haya salidas por la tangente contraproducentes o malentendidos, enmarca la conversación antes de empezar, lo que significa que si quieres llevar a alguien de A a B, primero tienes que decírselo a tu interlocutor y eliminar la ansiedad sobre qué implica B exactamente.

✓ Enmarca la conversación diciendo a tu interlocutor de qué quieres hablar; luego dile cómo quieres sentirte una vez acabada la conversación; por último, consigue su aquiescencia para ir juntos en esa dirección.

✓ Cuando enmarcas una conversación, reduces la probabilidad de que se den malentendidos y aumentas la posibilidad de alcanzar tus objetivos de conexión.

11

Ponerse a la defensiva

—Sinceramente, es una cuestión de vectores de fuerza cuya influencia es prácticamente invisible para el ojo no entrenado —dijo el ingeniero biomecánico al que había llamado la otra parte para testificar.

Estaba allí para manifestar que el vehículo que había golpeado a mi cliente a 90 kilómetros por hora no podía haber causado una lesión corporal o, como máximo, solo una de carácter leve.

Mi objetivo en las repreguntas era refutar su opinión.

No le había gustado mi pregunta. Y a mí no me gustó su respuesta.

En los juicios, los testigos expertos pueden hacer ganar o perder un caso. Los necesitas porque hay ciertas cosas que solo las pueden decir personas que poseen oficialmente suficientes conocimientos sobre un tema como para dar una opinión; véase el caso de la reconstrucción de accidentes o el análisis forense. La parte fácil es hacer que hable un experto. La difícil, hacer que pare de hablar. Los expertos tienden a hablar de un modo que destaca su inteligencia. Los buenos expertos procuran que todas las personas de la sala entiendan su testimonio diciendo cosas relevantes y accesibles. Los malos expertos utilizan jerga técnica que hace que los demás se sientan inferiores. El experto que tenía ante mí en la fase de repreguntas era de los del segundo tipo.

—Sí, comprendo lo que dice —respondí—. Pero se lo voy a preguntar de otro modo.

Tras una pausa, continué:

—Usted testifica a propuesta del demandado, la persona que golpeó a mi cliente, ¿verdad?

—La persona cuyo vehículo hizo contacto con el vehículo siniestrado, sí —respondió.

¿Ves lo que quiero decir?

—A la persona que golpeó a mi cliente tuvieron que llevársela en una ambulancia, ¿cierto? —dije.

—Um, eso creo. No estoy seguro —dijo vacilante.

—¿Por una fractura de clavícula? —presioné.

Carraspeando, respondió:

—Pues, pues supongo que sí.

Yo presioné más.

—¿Y está diciendo al jurado que este accidente no pudo causarle a mi cliente hernias de disco en la espalda?

Yo pretendía ponerlo en evidencia con esta pregunta, que es de las que hacen levantar la cabeza del cuaderno a los miembros del jurado para prestar atención a la respuesta. Este experto podría haber dicho algo como «No, no exactamente. No lo expresaría de una manera tan simple». O incluso mejor: «Parece una contradicción, cierto, pero las cosas no son tan simples». Una respuesta de este tipo habría sonado razonable. De hecho, reconocer la distinción que yo estaba haciendo y usarla para apoyar su afirmación le habría dado más credibilidad. Por el contrario, lo que oyó el jurado fue:

—Bueno —dijo subiéndose las gafas por el puente de la nariz y sentándose más recto para sacar mejor la voz—, haría falta una exposición más rigurosa sobre física y biología humana que no sé si comprendería.

La energía del ambiente cambió por completo y se oyó el rumor de los miembros del jurado cambiando de postura en la silla. Una mujer del jurado, de más edad, meneó la cabeza en señal de desaprobación y susurró: «Mmm, vaya, vaya».

El experto hizo algo que no debe hacerse nunca delante de un jurado. Se tomó mi pregunta como un desafío a sus conocimientos y se puso a la defensiva, lo que, a su vez, hizo que su opinión pareciese menos creíble. Era un momento crucial y, en lugar de tender un puente entre su opinión y la de los miembros del jurado, aumentó la separación entre él y ellos por culpa de su ego.

Y aunque, desde luego, solo por este momento no se desmanteló todo su testimonio, sí que erosionó la confianza del jurado en él. En un juicio, donde cada palabra del testimonio cuenta, la capacidad de comunicar la evidencia es igual de significativa que la propia evidencia, tanto para bien como para mal. En el caso de este experto, todos los presentes en la sala lo vieron claro: cuando se puso a la defensiva, no solo restó fuerza a su propio argumento, sino que también destacó una debilidad importante de la argumentación de la otra parte.

Ponerse a la defensiva no es patrimonio exclusivo de los testigos expertos. Se aplica a todo el mundo. Tú. Yo. Y a todo lugar, desde un juzgado a la sala de estar de tu casa. Puede surgir en cualquier momento. Reconocer que te has puesto a la defensiva, saber por qué está ocurriendo y equiparte con las herramientas que te permitan manejarlo puede transformar la confianza que ponga en ti la gente.

Por qué ponerse a la defensiva rompe la conexión

Hay pocas cosas en una conversación que pasen factura tanto como ponerse a la defensiva.

Es una de las señales más evidentes de que se ha activado la fase de ignición. La persona se cierra en banda. Levanta el escudo. Saca los pinchos. Se pone las orejeras. Da la espalda. Ha habido un detonante que la ha llevado a protegerse tras una armadura. Se trata de una reacción al estrés que toma muchas formas. Puede ser una sensación de nudo en el estómago o una tensión tras las orejas. Quizá se manifieste con sarcasmo, silencio o incluso con tomarse a broma temas serios. En lo cotidiano, ponerse a la defensiva suele sonar así:

- Interrumpir: «Sí, pero tú ni siquiera...».
- Levantar la voz: «¡No puedes estar diciendo eso en serio!».
- Recurrir a un ataque personal: «Eres un idiota».
- Desechar un punto de vista sin ni siquiera oírlo: «Pfff. Todo te da igual».
- Desviar el tema sacando a relucir agravios del pasado: «Bueno, ¿y esa vez que tú...?».
- Generalizar: «¡Nunca me escuchas!» o «¡Siempre haces esto!».

¿Te suena? Seguro que sí.
Ahora vuelve a leer las frases. ¿Qué tienen todas en común?
Ese «tú» implícito.
Es la primera palabra que quiere salir de la boca al levantar el escudo. Es la primera persona a la que apunta el dedo cuando uno se enfada. ¿Y qué si dije eso? ¿Y qué si hice lo otro? «Yo, ¿eh? ¿Y tú qué?».

Este acto reflejo de apuntar fuera, en lugar de dentro, destaca una característica fundamental de la comunicación humana: la profunda aversión a estar equivocado o a que alguien perciba alguna falta en nosotros. Que la gente piense que estamos equivocados activa todos los detonantes psicológicos:

- Evaluación social: Si estoy equivocado, ¿me humillarán? ¿Me rechazarán?
- Identidad personal: Si estoy equivocado, ¿aún importaré a alguien? ¿Soy defectuoso?
- Pérdida: Si estoy equivocado, ¿me dejarán? ¿Perderé mi reputación?

Ponerse a la defensiva construye un muro

La percepción de una amenaza te hace levantar la guardia. Lo emocional toma el lugar de lo analítico y todo tu interior quiere luchar contra la otra persona o huir de la amenaza que supone. Quieres que esa persona se calle, te metes los dedos en los oídos y tarareas «la, la, la». No quieres escuchar. No quieres razonar.

Cuando te encuentras en el otro lado del comportamiento defensivo puede ser muy frustrante. No importa lo que digas o lo que intentes decir, no te escucharán. Por mucho que trates de hacerles cambiar de opinión, no funcionará, porque cuanto más te esfuerces por demostrar que se equivocan, más convencidos estarán de que tienen razón.

La razón número uno de que la gente (yo incluido) se niegue a escuchar es que se sienten incómodos. Lo que les has dicho entra en conflicto con lo que creen y les genera una incomodidad que se ha dado en llamar disonancia cognitiva:[1] la sensación desagradable que sientes cuando la nueva información que recibes choca con tus creencias. Puede desencadenarla desde participar en un debate acalorado hasta leer un artículo en internet o incluso oír la letra de una canción. A menudo la suscitan cuestiones sociales o políticas de envergadura, del tipo de las que eligen los candidatos a las elecciones para basar en ellas sus campañas. Es el motivo por el que la gente tiende a escuchar religiosamente una sola fuente de noticias y a desechar los puntos de vista que se expresan en otros canales. Pero también puede ocurrir con cosas pequeñas, como tener que pedir otro plato en un restaurante cuando se ha acabado lo que comes normalmente, u oír que una nueva marca de café es mejor que la que llevas años bebiendo. Las cosas diferentes pueden verse como amenazas y activar detonantes psicológicos.

Tenemos que darnos cuenta de que las cosas en las que creemos rara vez son de nuestra propia cosecha, sino que están vinculadas a personas a las que queremos o a recuerdos muy queridos que han ido moldeando nuestra identidad. Eso significa que si yo fuera a decirte que alguna de tus creencias no es correcta, como, por ejemplo, tu ideología política, lo más probable es que no solo estuviera diciendo que tú estás equivocado, sino que tu abuela o tu mejor amigo también, o que ese recuerdo que tienes desde los diez años es también erróneo.

Y harás cualquier cosa —incluso negarte a escuchar— para evitar ese desagrado. Por eso aquí no funciona la lógica. Proporcionar más pruebas no siempre lleva automáticamente a una mayor aceptación. Por el contrario, puede hacer que te aferres aún más a tu opinión, no solo para defender tu postura, sino también para proteger tus relaciones y las narrativas que dan forma a tu identidad. Te pones a la defensiva para tomar partido por esa entidad que has hecho parte de ti (recuerda el detonante de identidad por asociación del que hablamos en el capítulo 4). Y cuanto más trate yo de convencerte de mi punto de vista, más te cerrarás en tu postura.

Aunque ponerse a la defensiva es un mecanismo natural diseñado para protegerse, a menudo hace más mal que bien. Al levantar muros ocurren dos cosas:

1. Impides que otras personas te entiendan.
2. Te cierras a entenderlos a ellos.

Y ahí está el problema. Aceptas las consecuencias de lo señalado en el punto número dos, pero desestimas las consecuencias de lo descrito en el número uno.

Es decir, cierras las expectativas sobre ti mismo, pero conservas las que tienes sobre la otra persona. Sigues esperando que te entiendan y que consideren tus sentimientos. Sin embargo, eso es como cerrar la puerta y a la vez enfadarte porque la otra persona no entre. Seguro que te habrás oído a ti mismo o habrás oído a alguien decir: «Debería saberlo». Debería saber que estoy molesto. Debería saber cómo me afectaría eso. Estas son las mismas personas que, cuando

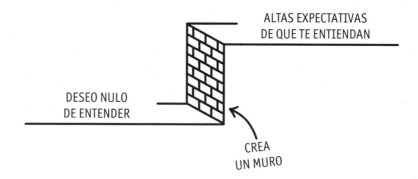

están en el caso contrario, gritan: «¡No puedes pretender que te lea la mente!».

No pienses que este ciclo no te afecta. Todos caemos en él. Cuando somos peatones que cruzan la calle, pensamos: «Estos coches pueden esperar a que pase. Soy el peatón. ¿No ven que estoy pasando?». Pero cuando somos el conductor detenido en una intersección, pensamos: «Mira todos esos peatones... Menuda parsimonia llevan. Creo que aquel tipo está andando más despacio a propósito. ¿No ven que tengo que pasar?». Este cambio de perspectiva ilustra lo rápidamente que permitimos que muden nuestras simpatías mientras que esperamos que las de quienes nos rodean se mantengan sin cambios.

Desde un punto de vista técnico, lo que se siente en estos casos es lo que los psicólogos llaman error de atribución fundamental,[2] que influye en tu comprensión de los demás o en la manera en que los juzgas. El error de atribución fundamental describe cómo se tienden a enfatizar excesivamente las explicaciones basadas en la personalidad y a dar menos importancia a los factores externos de una situación. Por ejemplo, si ves a alguien que llega tarde a la oficina, podrías pensar que es una persona vaga, descuidada o sin motivación (explicación basada en la personalidad) y minimizar factores como el tráfico denso, el mal tiempo o un problema personal (explicación basada en factores externos). Y si esa persona pasara por delante de ti sin decir «hola», podrías pensar que lo ha hecho a propósito.

Ese es otro gran problema del «tú». Lleva a tomarse las cosas personalmente, a interpretar las palabras o los actos de la otra persona como un ataque directo incluso cuando no es así. Veamos un ejemplo. Imagina que tu pareja y tú estáis en la cocina.

TÚ: ¿Qué te pasa? Te noto de capa caída.
TU PAREJA: Hoy me supera todo. He tenido un día larguísimo, la casa está hecha un desastre, y lo último que me apetece es ponerme a lavar los platos.
TÚ: ¿Estás diciendo que yo no hago nada en la cocina? Ayer lavé los platos.
TU PAREJA: No es eso lo que estoy diciendo.
TÚ: Claro que sí. Crees que yo no hago nada, pero soy yo quien está siempre pendiente de que la casa esté recogida. Soy yo quien se preocupa de que se hagan las cosas.

¿Ves lo que quiero decir? Así no hay forma de conectar.

Cuando levantas un muro, te importa menos tratar de entender a la otra persona, a la vez que esperas que ella se preocupe más por entenderte a ti. Tu pareja estaba intentando ponerte al tanto de su día y tú, en lugar de usar esa oportunidad para conectar con ella, decidiste unilateralmente convertirlo en una crítica de tu persona.

He aquí otro ejemplo de cómo se sacan a menudo los pinchos.

Alguien responde a tu mensaje de texto de cuatro frases con un «OK».

El primer pensamiento que tienes es: «¿Cómo que "OK"? ¿Qué tipo de "OK" es ese?».

Puede que empieces a darle vueltas en plan: «¿OK? ¿Solo OK? ¿Ese es todo el esfuerzo que le ha dedicado al mensaje? Qué maleducado». Puede que te veas tentado de enseñarle el mensaje a otra persona para que te dé la razón... «¿No es de lo más maleducado?». Decides enviar otro mensaje.

«¿Sabes qué?, olvídalo. No necesito esto ahora mismo».

El malentendido se acaba convirtiendo en una discusión y te pasas el resto de la tarde-noche sumido en una pelea que nunca debió ocurrir. Resulta que el «OK» de tu amigo obedecía a una respuesta rápida mientras estaba para pagar en la caja del supermercado; no tenía mucho tiempo de responder, pero quería que supieras que había recibido el mensaje.

Cuando te tomas las cosas personalmente, creas una profecía autocumplida. Vamos a seguir con el caso de los mensajes de texto para ilustrarlo:

- Percibes el mensaje como una falta de respeto y un ataque personal.
- Esa percepción suscita las reacciones emocionales de tu fase de ignición.
- Impulsado por tus emociones, te pones a la defensiva y respondes.
- Tu respuesta hace que la otra persona también se ponga a la defensiva y responda.
- Ahora el ciclo se refuerza y se cumple tu creencia de que has recibido un ataque personal.

Este ciclo sucede con frecuencia en las comunicaciones escritas por mensaje de texto o correo electrónico, en las que están ausentes los matices vocales. Son una muestra del llamado sesgo de confirmación,[3] por el que tiendes a buscar información que confirma o refuerza una creencia preexistente, a la vez que desestimas la que no lo hace. Es decir, una vez que has permitido que te controle un detonante, empiezas a buscar selectivamente información que alimenta ese detonante y desechas la información que le resta fuerza. Por ejemplo, si estás echándole a alguien en cara que se ha olvidado de hacer algo, podrías centrarte en las veces que ha pasado antes algo parecido y desestimar todas aquellas en las que ocurrió lo contrario. Buscas lo negativo y descartas lo positivo porque hacerlo refuerza tu comportamiento defensivo.

Cómo evitar ponerse a la defensiva

Pero existe un remedio.

Comienza con un entendimiento de que la frecuencia con que te tomas las cosas personalmente es un reflejo directo del beneficio de la duda que les das a los demás.

Cuanto más abierto estés a la idea de que los actos y las palabras de los demás podrían no tener la intención de ser una falta de respeto hacia ti, menos probable es que te sientas ofendido por ellos. Esta voluntad de ver más allá de ti mismo puede transformar el modo en que interactúas con el mundo. Cuando das el beneficio de la duda, también fomentas tu paz mental.

Por otro lado, cuando das ese margen a los demás, dejas espacio a la posibilidad de que, por ejemplo, la respuesta brusca de esa camarera se debiera a su frustración porque tendría que haber salido de trabajar a las seis de la tarde y su madre está cuidando a sus hijos; o que el coche de delante vaya despacio porque la semana pasada el conductor perdió a su mujer después de cincuenta y tres años de matrimonio; o que tu supervisora te enviase un correo breve no porque tenga algo en absoluto contra a ti, sino porque además de las vicisitudes de su propia vida, está pendiente de su hermano mayor, que acaba de salir de rehabilitación.

Cuando te tomas las cosas personalmente, estás cargando con lo que nadie te ha pedido que llevaras sobre los hombros. Descárgalas y asume una intención positiva a menos que se demuestre lo contrario.

La práctica intencionada de la empatía y la amabilidad cambiará significativamente también el modo en que te tratas a ti mismo. Te hará más indulgente y menos crítico con tus propios errores y, en última instancia, una persona más feliz y más agradable con los demás.

Mientras que tomarse las cosas de forma personal desemboca en una negatividad autocumplida, lo contrario da lugar a una positividad autocumplida.

He aquí una llamada a tomar conciencia. Es hora de que asumas el control de tus palabras y te des cuenta de que no todo lo que se dice requiere una respuesta por tu parte. No olvides que tú decides si lo que dice alguien te afecta o no. Eres tú quien decide si te lo tomas personalmente. Eres tú quien decide el peso o el valor de sus palabras. Y, demasiado a menudo, lo que dice alguien no vale ni el papel en el que lo escribirías, a pesar de lo cual te lo echas a la espalda y, antes de darte cuenta, estás cargando con un bolso lleno de libros.

Deja de cargar con el peso de las palabras de los demás.

Deja de entrar en todas las discusiones a las que se te invita.

Como ocurre en el béisbol, solo porque te lancen una pelota no quiere decir que tengas que batearla. Déjala pasar. Solo porque una pelota caiga en tu lado de la pista no quiere decir que tengas que golpearla con la raqueta y mandarla al otro lado de la red. Deja que caiga al suelo. Solo porque alguien diga algo, no hay nada en absoluto que te obligue a responder.

«Lo único que tengo que decir es...». No, no hace falta.

No hay nada que tengas que decir. Lo dices porque quieres. Pero ¿por quién lo dices? ¿Es para dejar algo claro? O ¿solo es para oírte?

Para asumir que te pones a la defensiva debes primero reconocer el impulso que te mueve a apuntar fuera, y elegir, en cambio, apuntar hacia dentro. Uso la palabra «elegir» porque se trata de eso, de una elección. Una elección que es tuya.

He aquí cómo puedes hacer para dejar de ponerte a la defensiva.

1. **Contente.** Frena el acto reflejo de tener algo que decir con una respiración conversacional (una pausa de nueve segundos). Cuando respiras despacio, le dices a tu cuerpo que lo que alguien ha dicho o hecho no es una amenaza.

2. **Deja que caigan sus palabras.** En el silencio de la pausa, imagina que las palabras de la otra persona no te llegan, sino que caen antes al suelo. Resiste el impulso de «interceptarlas» y lanzárselas de vuelta. Cuando imaginas que las palabras caen al suelo, te das la oportunidad de considerar si merece la pena recogerlas o dejarlo estar. Si sientes el impulso de ponerte a la defensiva, recuérdate no hacerlo con la frase: «Déjalo estar, [tu nombre]».

3. **Ten curiosidad.** Deja de mirar fuera, vuélvete hacia dentro y activa tu lado analítico. Hazte preguntas como: ¿De dónde viene esto? ¿Qué está llevando a esta persona a decir esto? ¿Qué información me falta? Desarrolla el hábito de tener curiosidad sobre el origen de la afirmación o pregunta de la otra persona.

Una vez que tengas más control de ti mismo, hay tres estrategias que puedes usar para ayudar a prevenir que la otra persona se ponga a la defensiva. Aunque no son infalibles, te resultarán útiles para derribar muros.

He aquí como prevenir que la otra persona se ponga a la defensiva.

1. Formula tu frase en primera persona, no en segunda persona

Una frase en segunda persona pone automáticamente a tu interlocutor en una postura defensiva. Si la frase es en primera persona, no habrá detonante, porque te centras en tus sentimientos y perspectiva; no das la idea de que estás acusando o culpando a la otra persona. También es un enfoque más asertivo.

Por ejemplo:

- En lugar de «Siempre estás mirando el móvil»...
    - Prueba con: «Me gusta pasar tiempo juntos sin estar mirando pantallas».

- En lugar de «No me haces caso»...
    - Prueba con: «Me siento ignorado cuando no me haces caso».

- En lugar de «¡No puedes hablarme así!»...
    - Prueba con: «No voy a responder a eso».

2. No empieces las preguntas con «¿Por qué?»

En la mayoría de los casos en los que preguntas a alguien «por qué», la sensación es acusatoria. Suele implicar que alguien ha hecho algo mal, que hay algún tipo de culpa o se está juzgando algo, e incide en el detonante de autonomía. Imagina que vas conduciendo con un amigo en el asiento del copiloto. Cuando, al llevarlo a su casa, coges una ruta distinta, tu amigo frunce el ceño y pregunta: «¿Por qué vas por aquí?». Tu reacción instintiva es responder: «¿Que por qué? Porque quiero, por eso». O cuando tu hijo pequeño repite todo el rato «¿Por qué?», quieres gritar: «¡Porque lo digo yo!».

No es la pregunta lo que te irrita, sino el «por qué», que parece indicar que te están cuestionando. Para solucionarlo, reemplaza el «por qué» con un «qué», un «cuándo» o un «cómo».

- En lugar de «¿Por qué no has sacado la basura?»...
  – Prueba con: «¿Cuándo vas a sacar la basura?».

- En lugar de «¿Por qué lo has hecho así?»...
  – Prueba con: «¿Cómo es que decidiste hacerlo así?».

- En lugar de «¿Por qué no puedes relajarte?»...
  – Prueba con: «¿Qué te está impidiendo relajarte?».

3. Primero haz saber que has escuchado

La gente tiene un deseo profundo de que la escuchen. Cuando respondes a lo que alguien acaba de decir con un «Sí, pero», empeoras las cosas, porque no envías claramente el mensaje de que has estado escuchando. Y, si no lo haces, créeme, la otra persona no va a devolverte el favor escuchándote a ti. Su puerta estará cerrada y sus cortinas echadas. Por el contrario, intenta validar sus sentimientos o su perspectiva antes de presentar la propia. Este enfoque hace que la otra persona mantenga la puerta abierta al diálogo.

Por ejemplo:

- Dile a la otra persona en qué estás de acuerdo con ella. Con esto no quiero decir que tengas que estar de acuerdo en todo lo que diga. En lugar de pensar a pequeña escala, piensa a gran escala. Puedes coincidir en que hay que tener la conversación, que merece la pena hablar sobre el asunto o que es necesario tomar una decisión.
    – Por ejemplo: «Estoy de acuerdo en que merece la pena hablar sobre esto».

- Cuéntale a la otra persona lo que te ha hecho ver, lo que has aprendido gracias a ella. Cuando afirmas que te has dado cuenta de algo gracias a tu interlocutor, este sentirá que ha aportado algo a la conversación y que estás reconociendo su punto de vista.
    – Por ejemplo: «Me he dado cuenta de que este asunto es muy importante para ti».

- Hazle saber a tu interlocutor que lo que ha dicho te resulta útil. A la gente le gusta ser de ayuda. Cuando le reconoces a la otra persona que te ha ayudado, hay más probabilidades de que se muestre abierta y comunicativa.
    – Por ejemplo: «Me ayuda mucho saber eso».

Para conectar con la otra persona tienes que ser consciente de todos los muros que te rodean, tanto los que tú has levantado como los que se han levantado en contra de ti. Cuando sientas que estás poniéndote a la defensiva, primero tranquilízate y luego ten curiosidad. Cuando sientas que alguien se está poniendo a la defensiva, deja de usar palabras que hagan levantar muros y cámbialas a frases que los hagan caer. Se trata de entrar en un marco mental de conexión, que implica abrirse a comprender y reconocer, en lugar de tender a la confrontación y la necesidad de ganar.

RESUMEN DEL CAPÍTULO

- ✓ Ponerse a la defensiva es el modo más rápido de romper la conexión entre la otra persona y tú, un indicador claro de que estás entrando en la fase de ignición.

- ✓ Ponerse a la defensiva lleva a levantar un muro que impide que la otra persona te entienda y, a la vez, te cierra a ti también para comprenderla.

- ✓ Detén el proceso de ponerte a la defensiva usando una pausa larga de entre cinco y siete segundos para no entrar en tu fase de ignición. Imagina que las palabras de tu interlocutor caen en el suelo antes de llegar hasta a ti, y resiste el impulso de recogerlas.

- ✓ Cuando es el otro el que se pone a la defensiva, disípalo respondiendo con frases en primera persona, en lugar de en segunda. Hazle saber que has escuchado lo que ha dicho, en lugar de responder inmediatamente expresando tu punto de vista.

- ✓ Cuando aprendes a no entrar al trapo en todas las discusiones a las que se te invita, puedes impedir que se levante un muro entre tú y la otra persona, y conservar la conexión.

12
Las conversaciones difíciles

Las conversaciones sobre temas serios no son fáciles, por eso las he dejado para el último capítulo.

Hay muchas probabilidades de que estés leyendo este libro porque tu próxima conversación vaya a ser de las difíciles. Y si ese es el caso, me alegro de que hayas llegado hasta aquí.

Que hayas llegado hasta aquí indica que has aceptado el reto de romper el ciclo. Has elegido dejar de ver las discusiones como algo que ganar y, por el contrario, las consideras como una oportunidad para entender a la persona con la que estás hablando. Estás desarrollando la disciplina necesaria para conectar con tu interlocutor.

Ahora mismo ya sabes que todo empieza con lo que digas a continuación.

El modo en que lleves una conversación difícil dice más sobre tu personalidad que el contenido mismo de la conversación. Tanto si se trata de romper una relación como de despedir a un empleado, hablar de finanzas o abordar una cuestión delicada, lo más importante es la manera en que inicies la conversación. ¿Recuerdas lo que hemos dicho de la calma antes de la tormenta?

Si empiezas con demasiada vehemencia, la otra persona se pondrá a la defensiva («¿Yo? ¡¿Y tú?!»). Si empiezas con demasiada suavidad, como quien no quiere la cosa, sospecharán de tus motivos («¿Qué estás tratando de decir?»). Y si te muestras demasiado pasivo e inseguro, puede que se cansen y dejen de escucharte («No voy a estar escuchando esto»).

Una conversación difícil se vuelve más difícil aún por dos motivos:

1. No sabes adónde estás yendo.
2. No sabes cómo ir adonde quieres llegar.

Si te dijera que una vez me subí a un avión, pero no sabía dónde iba a aterrizar, o que empecé a conducir, pero no tenía ni idea de dónde iba a parar, pensarías que estoy loco. Pues eso es lo que pasa todo el tiempo en nuestras conversaciones. Cuando simplemente esperas que la conversación vaya del modo en que te la has imaginado, pero sin tener ni idea de adónde vas y cómo, estás comprando todas las papeletas para la decepción, tal y como vimos en el capítulo 2.

El mejor momento para quitarle la dificultad a una conversación difícil es antes incluso de que empiece. El comienzo lo es todo.

Tu forma de abordar una conversación difícil supondrá la diferencia entre crear una conexión o perderla para siempre. A continuación, te ofrezco un esquema para crear conexión cuando las cosas se ponen feas. Antes, una advertencia: asumo que ya has hecho todo el trabajo que he recomendado en los capítulos anteriores para controlar tus emociones y mejorar tu voz asertiva. Una vez que estés preparado para decir las cosas con control y con autoconfianza, entonces, y solo entonces, podrás decirlas también para conectar.

He aquí las tres reglas que te permitirán empezar una conversación sin contratiempos.

1. Reserva un momento apropiado en el que no haya distracciones

Esta regla yo la aprendí por las malas.

Siendo pasante en un bufete durante mi época de estudiante, tenía una duda sobre un encargo y me daba vergüenza abordar al abogado. Me pasé toda la mañana muy nervioso, reuniendo el valor necesario para ir a hacerle la pregunta. Al final me levanté, crucé el pasillo y me dirigí a su despacho. Sin pensar, llamé dos veces a la puerta, que estaba abierta, y empecé a hablar justo cuando aún estaba cruzando el umbral.

—Mira, tengo una duda sobre la petición de... —comencé mientras me dirigía al centro de la estancia.

—¡Ahora no! —me gritó el abogado levantando la mano y señalándome la puerta.

Me di la vuelta y salí a la misma velocidad con la que había entrado. Antes de marcharme, eché una ojeada y me di cuenta de que el abogado estaba ante el ordenador, tecleando muy concentrado. Avergonzado, volví a mi mesa rojo como un tomate y acalorado. Había metido la pata. A los quince minutos oí que alguien llamaba a mi puerta. El abogado estaba en el umbral.

—¿Puedo entrar? —preguntó.

—Por supuesto —dije, habiendo ya recuperado el color habitual.

—Perdona por lo de antes. Estaba justo escribiendo una cosa y, si no la acababa en ese momento, iba a olvidarme del razonamiento. ¿Qué querías? —preguntó.

Tragué saliva y le hablé sobre mi duda.

—Ah —dijo sonriendo—. Ya sé por qué te ha creado confusión. Es una errata. La arreglaré. Y, la próxima vez, mándame un correo sugiriendo un momento para ir a hablar conmigo. Así te podré ayudar mejor, porque no estaré enfrascado en nada.

El problema no era el asunto a tratar, sino el momento que yo elegí para tratarlo.

Si vas a tener una conversación difícil, deshazte de los factores externos que puedan hacerla aún más difícil: busca un lugar tranquilo y cómodo, elige una hora en la que ninguno de los dos tenga prisa o esté estresado y elimina cualquier posibilidad de interrupción.

Cuando impones que la conversación sea en el momento que a ti te venga bien, la otra persona acudirá de mala gana desde el principio. Es como ir conduciendo a ciento diez por la autopista y encontrarte de repente detrás de un coche que va más lento y te obliga a frenar. Estropea tu empuje y tu concentración.

Ahora intercambia los papeles. Hay pocas cosas más frustrantes que el que alguien intente obligarte a tener una conversación para la que no estás preparado. A veces, la dificultad estriba justo en eso, en que no estás preparado. Te sentirás presionado y más proclive a reaccionar al estrés como consecuencia del detonante de autonomía. Te están empujando a tener una conversación cuando no es buen momento para ti. Como tus emociones te están diciendo que no te sientes cómodo, te costará más asimilar con claridad las afirmaciones de la otra persona. Es posible que tengas que pedirles que te repitan lo que te acaban de decir. Tu mente no dispondrá de un espacio limpio y vacío donde trabajar.

Por lo tanto, asigna un momento en el futuro que os venga bien a los dos para tener la conversación.

La próxima vez que necesites programar una conversación, prueba lo siguiente:

- «¿Qué momento del viernes por la mañana podría ser bueno para que viéramos...?».
- «¿Tienes un rato el martes sobre las dos menos cuarto para que hablemos de...?».
- «¿Estás disponible el jueves por la noche para que hablemos de...?».

A mí me gusta usar frases que no solo hagan alusión al tiempo del que pueda disponer la otra persona, sino también a su disposición mental, porque a veces es cierto que se tiene el tiempo, pero no el marco mental o emocional necesario.

- «¿Te cuadra bien esta tarde para hablar sobre la reunión del lunes?».
- «¿Te viene bien que hablemos cuando los niños se hayan ido a la cama sobre sus planes para mañana?».

Hay muchos modos distintos de preguntar, así que busca aquel con el que tú te sientas más cómodo.

La clave está en sugerir un marco temporal o momento del día específicos. Aunque los dos tengáis tiempo para hablar justo en el momento en que lo estés proponiendo, siempre es mejor fijarlo para el futuro. Necesitarás tiempo para repasar tus pensamientos. Además, querrás también darle tiempo al otro para prepararse. ¿Te ha pasado que alguna vez que haya ido alguien a tu oficina a decirte: «Oye, ¿tienes un segundo? No justo ahora, sino luego. Solo quería comentarte una cosa»? Fiu. Es casi un alivio, ¿verdad? Siempre es mejor ese preaviso. Tan solo media hora puede hacer maravillas y permitir que te prepares para decir con control lo que necesitas decir. Así que programa la conversación para el futuro y preferiblemente con un marco temporal reducido.

Recuerda que cuantas menos elecciones le des a la gente, más fácil es que se decidan. Si te limitas a decir: «Entonces, ¿qué momento de la semana que viene te vendría mejor?», seguramente te digan: «No estoy seguro. Ya te lo diré». Y la siguiente vez que oigas de esa persona puede que hayan pasado tres semanas. Pero si reduces el marco temporal, es más probable que recibas una respuesta que te permita concretar la cita. No es una regla estricta, pero puede ayudar.

Por cierto, he aquí cómo no proponer a alguien tener una conversación difícil.

- «Necesito hablar contigo».
- «¿Tienes un segundo?».
- «¿Estás libre luego?».

De nuevo, vuelve a considerar cómo te sientes cuando alguien te aborda así.

Además, ninguno de estos ejemplos proporciona una referencia temporal clara. Aunque creas que es buena idea sugerir que no hay urgencia ninguna, el efecto más dañino es siempre el de la incertidumbre. «¿Tienes un segundo para hablar?». Depende. ¿Es el tema positivo o negativo, personal o profesional, serio o trivial? Cada uno de estos factores afectaría a tu respuesta. Podrías tener unos segundos para que la otra persona te contara algo gracioso que pasó anoche..., si es que la historia realmente dura unos segundos. Muchas veces el «¿Tienes un segundo?» debería cambiarse a «¿Tienes dos horas?». Así que crea expectativas claras para asegurarte de que el tiempo que pides para una conversación es acorde con el tema que vais a tratar. Los asunto serios requieren más tiempo. Lo mismo ocurre con las cuestiones delicadas. Y las negativas. A la gente le ayudará saber si necesitas treinta minutos o una hora, o cuatro horas.

Al mejorar tu capacidad de prever cuánto necesitarás del tiempo de la otra persona y reservarlo, te colocas en una posición que permitirá una mejor conexión. ¿Por qué? Porque en la conversación habrá espacio para hacer pausas deliberadas, así como tener momentos de silencio para pensar y mantener la conversación dentro del marco que hayas establecido. Y habrá tiempo también para respirar y hablar despacio, de modo que puedas mantener el control y la mente clara.

Por el contrario, si no prevés las necesidades de tiempo y te lanzas a la conversación, podrías encontrarte hablando con alguien que está más preocupado por saber cuándo acabarás que en lo que le estás diciendo.

Asegúrate de que no habrá distracciones en el tiempo que hayas reservado. No tengas el móvil encima de la mesa (ni tampoco boca abajo) ni en la mano (aunque no lo mires). Manda el mensaje de que te vas a centrar exclusivamente en lo que vais a hablar.

2. Omite las preguntas de cortesía

Imagina que tienes que despedir a un miembro de tu equipo. Llevas semanas intentando darle una oportunidad, pero ha llegado el momento de tomar una decisión. Le envías este correo: «Por favor, ven a verme a mi despacho cuando tengas un rato».

En tu mente, estás pensando que se pasará al cabo de unas horas. Pero no. La empleada tarda apenas dos minutos en llamar a tu puerta. Está nerviosa. Sabe que su trabajo no ha sido muy bueno, a pesar de sus intentos de mejorar.

—¡Ah, hola! —dices alegre, soltando una tos nerviosa—. Siéntate.

Empleas unos segundos en recolocar ligeramente las cosas en tu mesa y empiezas a juguetear con un clip.

—¿Qué tal estás? —preguntas—. ¿Te gusta trabajar en la empresa?

—Me encanta —dice ella forzando una sonrisa—. Me siento totalmente apoyada y la verdad es que me gusta mucho mi trabajo. Me está costando mucho más adaptarme de lo que esperaba, pero siento que estoy a punto de lograrlo.

Uf. Para eso no estabas preparado. Te retuerces incómodo y te recolocas en la silla. Durante la pausa, la sonrisa de la empleada empieza a disiparse mientras busca qué decir a continuación.

Tú te las arreglas para seguir.

—Pues mira, escucha. —Se puede palpar la tensión en la estancia—. Lo he pensado mucho y para mí es duro tomar esta decisión porque me caes bien y creo que eres una persona excelente. Y sé que te esfuerzas mucho. No me gusta nada tener que decirte esto, pero, en fin, creo que, eh, no voy a retenerte aquí más tiempo.

Al instante, a la empleada se le llenan los ojos de lágrimas. Tú bajas la mirada.

—Pero ¿por qué? Me gusta la empresa y... —suplica ella.

Y lo que habías pensado que sería un intercambio de cinco minutos se convierte en una hora y media de conversación tras la que acabas concediéndole dos semanas más en el equipo, una decisión de la que estás seguro de que te vas a arrepentir.

Cuando el tema de la conversación es un asunto muy delicado o sabemos que va a ser recibido como malas noticias, caemos en la tentación de crear un ambiente amable. Para amortiguar el golpe.

Para que no resulte muy dramático. Esta estrategia suele comenzar preguntando a la otra persona si ha tenido buen día, cómo está su familia o sacando cualquier otro tema al azar sobre el que nunca nos habíamos interesado antes («¿Te gustan las plantas?». Puf). Crees que estás facilitando las cosas, que estás siendo amable o teniendo tacto.

Pero la gente no es tan tonta.

A pesar de tu increíble talento para la actuación, la gente tiene la capacidad innata de detectar las amenazas, de saber si algo no... cuadra. A las personas se nos da muy bien interpretar las señales no verbales,[1] percibir cuándo nos están vigilando, saber cuándo ha entrado alguien en una habitación aunque tengamos los ojos cerrados, y sentir la tensión que precede a una discusión, como vimos en el capítulo 5. Un momento de falta de sinceridad por tu parte, y la otra persona se pondrá inmediatamente en guardia. Su fase de ignición le hará saltar las alertas. Estará preparada para que, en cualquier momento, caiga el martillo.

La empleada a la que querías despedir lo detectó. No solo no reservaste tiempo para la conversación, sino que empezaste con una charla intrascendente. Ella ya sabía que su rendimiento no era del todo bueno. Sabía perfectamente por qué querías hablar con ella, por qué estaba allí. Al verte juguetear con el clip y removerte en la silla, percibió tu nerviosismo. Por muy inocente que quisieras que sonara tu «¿Qué tal estás?», resultó totalmente falso. En realidad no te importaba cómo se encontrase o si le gustaba la empresa. Estabas planeando despedirla.

Aunque en la superficie resulte inofensivo, fingir preocupación abriendo la conversación con comentarios amables creará el efecto contrario al que deseas: no estás tratando realmente a la persona con amabilidad, sino con una indiferencia disfrazada. Despedir a un empleado, abordar una cuestión difícil en una relación o compartir los sentimientos que has estado guardándote semanas... Sea lo que sea, la gente quiere sinceridad. No quiere tapujos ni indirectas. Y cuanto menos directo y sincero seas, más falso parecerás y más débil será la conexión que puedas establecer.

En la medida de lo posible, omite este tipo de preguntas cuando estés abordando una conversación difícil:

- «Entonces ¿qué tal estás?».
- «¿Cómo te ha ido últimamente?».
- «Hay que ver cómo está el tiempo, ¿eh?».

En su lugar, sé directo y transparente desde el comienzo. Comienza advirtiéndoles del tipo de conversación que vais a tener.[2]

Para las malas noticias, prueba con esto:

- «Te va a costar asimilar lo que vas a oír».
- «Tengo malas noticias».
- «No te va a gustar lo que tengo que decirte».
- «Creo que esto va a ser difícil para ti».

O, para temas duros o delicados, prueba lo siguiente:

- «Esto no nos va a gustar a ninguno de los dos».
- «Tengo que decirte algo y no va a ser cómodo ni para ti ni para mí».
- «No va a ser fácil hablar de esto».

Un simple «Esta conversación va a ser difícil» también funciona bien.

Este tipo de frases deberían ser lo primero que dijeras. O, como mínimo, lo siguiente después de: «Gracias por sacar tiempo para hablar conmigo». Este tipo de enfoque es más abierto y sincero. Y sí, aunque parezca más incómodo o alarmante, es también más amable. El interlocutor no tiene que andar adivinando ni echando un pulso con lo desconocido.

Veamos cómo habría quedado una conversación más directa con tu empleada.

—Gracias por venir —empiezas.

Ella se sienta.

La miras y le dices con calma:

—Tengo malas noticias.

Tras una pausa de un segundo que le dé tiempo a prepararse para tus siguientes palabras, continúas:

—Voy a tener que prescindir de tus servicios.

Ella asiente al escucharlo.

—Hemos disfrutado del tiempo que has pasado con nosotros, y estoy deseando ver adónde te lleva tu carrera.

Y acabas dedicándole una sonrisa afectuosa.

—Lo comprendo —responde ella, visiblemente decepcionada—. Gracias por la oportunidad que me has dado.

De nuevo, la claridad es amable. Elimina la ambigüedad y la ansiedad que pueden enturbiar las conversaciones difíciles, permitiendo a los dos interlocutores conectar con la realidad de la situación. Cuando dejas que la otra persona reciba las noticias duras con dignidad, refuerzas su capacidad de asumir la verdad y reaccionar de forma más madura.

3. Empieza diciendo lo que persigues con la conversación

Cuando vayas a tener una conversación difícil, empieza diciendo lo que consideras que sería la conclusión. Es decir, imagina que vas a hacer una presentación y llegas al final, a la parte donde anuncias: «En conclusión...», y traslada todo lo que dirías después de esta frase al principio de la conversación.

Imaginemos que estás en una reunión y expones esta idea: «Bueno, como sabemos, todos queremos que los clientes se sientan muy cómodos cuando llegan a la mesa de recepción. Pues estaba pensando, y decidme si me equivoco, que demasiado a menudo complicamos demasiado el concepto entero de la experiencia del cliente, o sea, básicamente la idea de que la gente no sabe lo que quiere, ¿vale? A ver, una cosa, me vino este pensamiento a la cabeza justo cuando iba en el coche, de la manera más aleatoria que os podáis imaginar, a saber por qué, pero, en fin, digo todo esto porque deberíamos simplificar nuestra estrategia y centrarnos en crear un entorno lo más acogedor posible en el vestíbulo desde el momento en que entran los clientes».

Uf.

¿Ves cómo no se sabe realmente adónde quieres ir a parar o qué vas a plantear hasta el final?

Los oyentes se pierden. Puede que se queden enganchados en una palabra como «conducir» y se desvíen mentalmente, acordándose de lo que estaban pensando cuando venían a trabajar esa mañana. «Pasé por delante de ese restaurante italiano cuando venía en el coche. Qué ganas tengo de probarlo. Y, hablando de comida, ¿cuánto queda para la hora de comer? ¿Qué como hoy? Ayer comí lasaña...».

Y, de esa manera, ya no están contigo en la estancia. Están pensando en su pasado, viviendo en el futuro y totalmente desinteresados por el presente.

Veamos lo que pasa cuando trasladamos el final al principio. Compartes tu idea con quienes están sentados a la mesa de la sala de reuniones:

«Deberíamos crear un entorno más acogedor en el vestíbulo. Si hacemos de la entrada un lugar más agradable, es más probable que los clientes se sientan cómodos cuando lleguen a la mesa de recepción».

Ya está.

De este modo, no hay probabilidades de que se pierdan quienes nos escuchan. Nadie se poner a pensar en comida italiana. Has explicado tu idea de inmediato y has aportado tu argumento.

Esta técnica funciona también con la comunicación escrita y los mensajes de texto. Si la combinas con la eliminación de las frases de cortesía y las justificaciones, te colocará en una posición mucho mejor para comunicarte. Imagina que tienes que rechazar una invitación a una fiesta. ¿Qué respuesta suena mejor?

- Texto 1: ¡Hola! A ver, lo siento mucho, pero he tenido muchísimo trabajo hoy y he estado estresadísimo. Ni siquiera he comido, madre mía. Y resulta que mi perro ha tenido una reacción alérgica y se está comportando de una manera muy rara. Estoy preocupado por él. Me siento fatal, pero no creo que pueda llegar hoy a la fiesta. Muchas gracias por pensar en mí. ¡Si la cosa cambia te lo diré sin falta!
- Texto 2: Malas noticias, no puedo ir esta noche. Gracias por invitarme. ¡Espero que lo paséis genial!

El texto 1 suena falso. A pesar de los distintos intentos de no querer herir los sentimientos del destinatario, has escrito tanto que obligas a que sea el destinatario el que adivine la verdad de lo que quieres decir. Cuantas más palabras uses, más parecerá que estás mintiendo. Hay muchas probabilidades de que recibas un mensaje mordaz diciendo «Dime que no quieres venir y acabas antes».

El texto 2 va directo al grano, por lo que suena más sincero. Es una contestación que muestra respeto tanto a la otra persona como a ti mismo.

Estas estrategias pueden ayudar a empezar conversaciones difíciles con otras personas. Y ¿cómo puedes estar tú más abierto cuando le toca a otra persona tener una conversación difícil contigo?

Qué significa estar en un espacio seguro

Hace unos meses, mi hijo de seis años se acercó a mí en la sala de estar con la cabeza gacha y las manos sobre el estómago.

—Papá —me dijo.

—Dime, coleguita.

—He hecho algo malo —respondió levantando las manos para enseñar un agujero de cinco centímetros en su camiseta nueva.

—¿Qué ha pasado? —le pregunté.

Volvió a agachar la cabeza.

—Solo quería saber si mis tijeras cortaban la camiseta.

Yo intenté contener una carcajada.

—A ver, ¿y qué has aprendido?

Dio un gran suspiro.

—Que cortan muy bien.

—Sí, eso parece. Gracias por venir a contármelo. —Choqué los

cinco con él—. Y ahora que sabemos lo bien que cortan, no vuelvas a hacerlo, ¿vale?
Me respondió con una sonrisa.
—Vale.

Cuando alguien se acerca con su propia conversación difícil, algo que esa persona sabe que te enfadará o te dolerá, el modo en que reacciones puede determinar si volverá a acudir a ti en un momento difícil. Crear un espacio seguro en las conversaciones difíciles comienza con cómo recibes la información en un primer momento.

He aquí unas frases que pueden ayudarte a crear un espacio seguro desde el principio:

- «Me alegro de que hayas venido a hablarme de esto».

Estás dando a entender que reconoces que esa persona tenía opciones a la hora de confiar en alguien y contarle su problema. Al agradecerle y valorar que te haya elegido a ti, permites que conecte contigo.

- «Gracias por contármelo».

Con esta respuesta reconoces el esfuerzo que le ha costado a esa persona acudir a ti, le haces saber que comprendes que a veces no es fácil abrirse y compartir cosas.

- «Gracias por mostrarme tu punto de vista».

Sea cual sea nuestra postura en una cuestión, el punto de vista de otra persona nos aporta una perspectiva que, de lo contrario, quizá no tendríamos.

Las conversaciones difíciles, a pesar del nombre, son tu mayor oportunidad para conectar con otras personas. Afrontar problemas y superarlos te acerca a los demás y profundiza y fortalece la conexión que tenéis. Sin embargo, frases como las siguientes pueden causar el efecto opuesto:

- «Sé por lo que estás pasando».
- «Yo también he tenido un día duro».
- «A mí me pasó lo mismo una vez».

Tendemos a decir este tipo de frases como una manera de identificarnos y conectar con la otra persona. Sin embargo, lo que suele conseguirse es desviar el foco hacia uno mismo, malograr la oportunidad de la otra persona de contar sus frustraciones, de expresarlas y desahogarse. Cuando encauzas la conversación hacia ti, aunque lo hagas con buena intención, el efecto es que se rompe la conexión. En lugar de cambiar inmediatamente el tema de la conversación hacia algo que tenga que ver contigo, prueba este método:

1. Haz una pregunta. Puedes preguntar más, por supuesto, pero ya solo una pregunta marcará gran diferencia. Puede ser una fácil, tipo: «Y ¿cómo te hace sentir eso?» o «¿Qué te hace pensar eso?». Son preguntas de final abierto que mantienen el foco en la otra persona y permiten continuar la conexión.

2. Si sigues creyendo que merece la pena contar algo que tenga que ver contigo, pide permiso. Puede ser de un modo tan simple como: «¿Te importa si te cuento una cosa?». Como ya has mostrado interés con la pregunta o preguntas del paso 1 seguramente te dirán que no les importa y estarán más abiertos a lo que les cuentes.

3. En lugar de aconsejarle al interlocutor sobre lo que debería hacer o lo que harías tú si estuvieras en su lugar, pregunta: «¿Puedo decirte lo que he aprendido con lo que me acabas de contar?». La gente es mucho más receptiva a oír lo que has aprendido sobre sus experiencias y no sonarás como un sabelotodo ni correrás el riesgo de que el interlocutor piense que estás mangoneándolo al decirle lo que tiene que hacer.

Cuando alguien se abra a ti con una conversación difícil, sé un espacio seguro para esa persona. No es necesario que muestres alegría y seas todo positividad, pues faltarías a la sinceridad. Solo tienes que ofrecer un espacio seguro donde pueda hablar sin miedo.

Tampoco hay que hacer como si las conversaciones difíciles fueran a ser fáciles. Como ya vimos en el capítulo 1, son las conversaciones difíciles y los conflictos los que proporcionan oportunidades para mejorar las relaciones. La dificultad se va a dar. Acéptala. Acógela. Cuanto más profunda quieras que sea la relación con alguien, mayor deberá ser tu tolerancia para abordar las conversaciones difíciles.

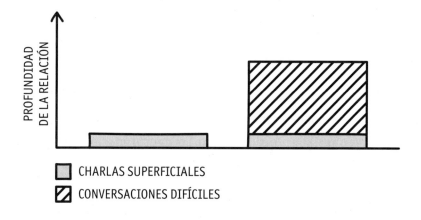

La clave está en usar las conversaciones para crear conexión. Al seguir estos métodos, puedes eliminar la dificultad antes incluso de empezar a hablar. Sé proactivo. Pídele a la otra persona un momento y un lugar para tener la conversación difícil. Al comienzo, prescinde de las frases de cortesía y ve al meollo del asunto directamente. Empieza con la conclusión para evitar confusión y sé claro respecto del resultado que estás buscando. Y cuando sea la otra persona la que necesita tener una conversación difícil contigo, sé quien desearías que el otro fuera para ti. Sé un espacio seguro.

Dar estos pasos con prudencia puede ayudar a que tu próxima conversación sea una oportunidad para conectar con la otra persona.

RESUMEN DEL CAPÍTULO

- ✓ El mejor momento para eliminar la dificultad de una conversación difícil es antes incluso de que empiece.

- ✓ Cuando necesites hablar sobre un tema difícil o delicado, reserva un momento exclusivamente para tener esa conversación y asegúrate de que no habrá distracciones. No la apresures para adecuarla solo a tu agenda.

- ✓ Resístete a iniciar la conversación con frases de cortesía que supongan dar rodeos, pues se notará que son falsas. Ve directamente a la cuestión. Ser directo no solo es amable, sino que mantiene tu credibilidad. Para ello, empieza por la conclusión.

- ✓ Las conversaciones difíciles, a pesar del nombre, son tu mayor oportunidad para conectar con otras personas. Afrontar problemas y superarlos te acerca a los demás y profundiza y fortalece la conexión que tenéis.

Epílogo

Subí por las escaleras de frío granito del antiguo edificio del juzgado. Giré en el largo pasillo y empujé las grandes puertas batientes de la sala del tribunal. Al entrar, hice una leve pausa para repasar una lista mental y pasé la vista por la estancia.

En el estrado estaba el juez, hablando en voz alta con el aguacil y el secretario judicial. Bien. A un lado se encontraban los tres abogados de la parte contraria susurrándose cosas. Bien. Tras mi mesa, donde se hallaban mis notas y mis archivos, estaba la silla de mi cliente.

Vacía. Malo.

Giré la cabeza en todas direcciones. ¿Dónde estaba mi cliente? Me dirigí al juez y le pedí cinco minutos antes de empezar. Accedió y se lo agradecí con la mirada. Empujé las puertas batientes y salí al pasillo para buscar a mi cliente. Lo único que se oía era el eco de mis zapatos de vestir sobre el suelo de duro mármol.

Mi cliente se llamaba Clemon Lee. Y Clemon Lee no tenía móvil. A aquel conserje de escuela primaria de sesenta y un años acostumbrado a su vida rutinaria no le gustaban los cambios. Y el teléfono fijo de su casa le bastaba. Llamé a ese número. Nada. Empecé a ponerme frenético.

Al fin, cuando recorría el tercer pasillo, lo vi, sentado en un banco, al fondo. Reduje el paso y lo llamé, sonriendo.

—Señor Lee, ¿todo bien?

No me respondió.

Con las piernas y los brazos cruzados, miraba hacia abajo. Llevaba un traje marrón gastado, con una corbata granate. La camisa, más que blanca era amarilla. Yo sabía por conversaciones anteriores que aquel era el traje que llevaba a la iglesia. Y no tenía otro.

Mientras me sentaba a su lado, le repetí:

—¿Qué tal todo?

Ya estábamos hombro con hombro.

—No les voy a gustar —dijo al cabo de un momento.

—¿A qué se refiere? —le pregunté.

—No hablo bien. Van a poner en mi boca palabras que no he dicho. Estas cosas no se me dan bien —dijo. Parecía preocupado, y era entendible.

Es normal ponerse nervioso en un juzgado. Hay doce miembros del jurado que observan todos tus movimientos, un juez vestido con una toga negra que te mira desde arriba y un abogado pagado por la otra parte con la intención de cuestionar tu credibilidad.

—Míreme a los ojos, Clemon. ¿Le parece que estoy nervioso? —le pregunté.

Negó lentamente con la cabeza.

—¿Ha hecho usted algo malo?

Volvió a negar con la cabeza.

Era cierto. El otro conductor le había dado un golpe con el coche. La responsabilidad era indiscutible. Aun así, la verdad de los hechos y sentirse inseguro son dos cosas bien distintas.

—Muy bien —dije—. Vamos a repasarlo todo otra vez.

Recordamos los pasos del escaneo rápido que debía hacer antes de subir al estrado o cuando necesitara una pausa para mantener sus emociones a raya. Practicamos haciendo una tanda de respiraciones conversacionales para calmar la mente antes de responder ante el micrófono del estrado. Lo que más necesitaba era sentir autoconfianza. La seguridad de que el jurado vería a una persona que no estaba tratando de hacerse pasar por lo que no era.

En los meses anteriores al juicio habíamos ideado unas frases cortas que lo preparasen para este momento.

—Cuando esté en el estrado, ¿quién será? —le pregunté empezando ya a levantarme.

—Nada más que Clemon Lee —contestó descruzando las piernas y levantándose.

Sonreí.

—Perfecto. Y si el otro abogado intenta discrepar, ¿qué oportunidad le estará dando a usted?

—La de ponerlo en su sitio —respondió mientras empezábamos a andar hacia la sala.

—Muy bien —respondí—. Y cuando no esté seguro de cómo responder, ¿qué dirá primero?

Con una amplia sonrisa, respondió justo como en nuestros ensayos.

—Primero respiraré.

—¿Mejor? —pregunté.

—Sí, lo tengo controlado —respondió lleno de confianza.

Poniéndole la mano en el hombro, empujé una vez más la puerta batiente de madera para entrar en la sala.

Hemos llegado al momento en que tengo que dejar que tú, lector, cruces tu propia puerta.

Como dijo Clemon, tienes esto controlado.

De verdad.

A lo largo de este libro, no solo has aprendido qué decir, sino también cómo decirlo. Has aprendido también distintos modos de ver los actos de comunicación que se dan a tu alrededor. Es decir, vas a empezar a escuchar las cosas de manera distinta a como lo hacías antes. Vas a leer los mensajes y los correos electrónicos, y vas a notar las palabras, frases y rellenos que embarullan los mensajes. Va a ser más deliberado y claro con tus palabras.

También tendrás una sensación mayor de calma y fortaleza la próxima vez que te veas metido en una discusión. Y no será por casualidad. Habrás llegado a ello con método y práctica, aplicando las lecciones de estos doce capítulos. Al hacer uso del procedimiento que muestra «cómo lo dices con control, con autoconfianza y para conectar», ahora tienes todas las herramientas y estrategias que pueden ayudarte ante cualquier conflicto.

Voy a acabar como comencé. ¿Qué dicen tus palabras de ti? Mi deseo para ti es que permitas que lo que dices y cómo lo dices se conviertan en tu herencia familiar, un legado de quién quieres ser y cómo quieres que se te recuerde. Una nueva vida. Un nuevo yo.

Haz que esa nueva conversación lo cambie todo.

La versión de 47 segundos

Como todo empezó con vídeos de cuarenta y siete segundos en las redes sociales, si tuviera que condensar estas páginas en un vídeo para subirlo a internet, sería algo así:

Número uno: Nunca ganes una discusión, porque perderás más de lo que ganes. Cuando regulas tus reacciones antes de responder, mantienes la mente clara y en calma.

Número dos: La autoconfianza no es una acción, sino un resultado. Usa palabras y frases breves que reafirmen tus necesidades y protejan tus valores sin miedo a defraudar. Cuando asumes una voz asertiva, sientas las bases de más cambios positivos en tu vida.

Número tres: No te preocupes por cómo cambiar una relación. Céntrate en cambiar tu próxima conversación. Cuando entiendes las conversaciones como algo que te permite aprender, en lugar de demostrar algo, eliminas la dificultad de establecer una conexión.

Así que pruébalo, y sígueme.

Los siguientes pasos

Te agradezco muchísimo que hayas leído mi libro. Si me sigues en las redes sociales y estás aquí, hola de nuevo, sigo siendo yo. Gracias por pedirme que escribiera este libro. Gracias por creer en mi trabajo y en este mensaje para un mundo mejor.

Así que estás listo para una nueva conversación. ¿Y qué hay de los siguientes pasos?

Ve a thenextconversation.com/newsletter.

Si has disfrutado con *Discute menos, habla más*, mis historias y mis conclusiones, te gustará mi boletín de noticias gratuito. Recibirás un consejo fácil y práctico de comunicación al principio de la semana para que empieces con buen pie. También serás el primero en conocer cualquier nuevo proyecto o libro, y tendrás acceso anticipado a todas mis charlas. Si estabas buscando el siguiente paso que dar, ya tienes el primero.

Y, si quieres dar dos pasos, mi comunidad online siempre te acogerá con los brazos abiertos. Allí encontrarás una biblioteca donde podrás buscar por contenido. Está llena de vídeos a la carta, elementos descargables y clases en directo.

Ve a <thenextconversation.com/member>.

Privilegio abogado-cliente: los narcisistas y hacer luz de gas

No, esta no es una relación abogado-cliente verdadera ni una comunicación privilegiada por imperativo legal. Pero sí es un consejo confidencial que quería reservar para quienes lo necesiten verdaderamente: cómo manejar a los narcisistas y a quienes hacen luz de gas. Este tema es uno de los más solicitados en mi contenido de internet, y por una buena razón. Este tipo de personalidades y comportamientos son tóxicos, y saber qué hacer si te toca sufrirlos puede suponer la diferencia entre la cordura y perder la cabeza.

Por eso he creado un capítulo extra sobre las herramientas de comunicación que necesitarás para mantenerte firme la próxima vez que sufras este tipo de ataques.

Puedes descargar el capítulo completo aquí: <thenextconversation.com/bonuschapter>.

Agradecimientos

Hay tantas cosas que no existirían sin Sierra...

Aún no la conocéis, pero ella está aquí. Tras cada página que has leído de este libro y tras cada vídeo y charla ha habido un sacrificio de mi esposa, que ha dedicado al cuidado de nuestros dos hijos más tiempo del que le tocaba. Ella dice que no pasa nada. Y yo lo sé. Cualquier padre lo sabe. Sierra es también abogada y tiene una carrera propia y fructífera. Aun así, se las arregla para hacerlo todo. Si ella no se hubiera ocupado de tantas cosas para que yo pudiera compartir este mensaje, no existirían este libro ni todo lo demás.

Me considero un producto sólido y práctico como el Windows 98, aunque un poco más lento quizá. Sierra es el último Apple MacBook Pro con un procesador ultrarrápido. Ella piensa diez veces más rápido que yo. ¿Discutimos? Por supuesto. ¿Tenemos los mismos problemas de comunicación que cualquier otra pareja? Desde luego. Y gracias a ello he mejorado como persona en la última década. Cuando empecé a publicar vídeos, decidimos que ella y los niños se mantuvieran aparte de las redes sociales. Sin embargo, ella es mi primer apoyo y guía.

Y cualquier cosa que yo haga, ella lo hace mejor.

También quiero dar las gracias a mis padres, David y Sherlyn, no solo por cómo me criaron, sino también por quiénes son y por la luz que aportan a las personas que tienen la suerte de conocerlos. Gracias, Dios, por tu bondad y por escuchar a mis padres cuando rezaban para que me dieras sabiduría y discernimiento en la vida. Que las palabras de este libro lleven a la gente a ver más de ti, y menos de mí.

Estoy muy agradecido por el apoyo que me han dado mi familia y amigos. A mis hermanos, por todo lo vivido. A mi mejor amigo, Matt, por estar a mi lado cuando me sentí abrumado durante los grandes cambios vitales que he experimentado. A mi suegra, Sunee, que siempre me ha enseñado algo después de nuestras charlas a dos. Y a mi familia de Fisher Firm, sobre todo a Liz, cuyo apoyo y paciencia han sido inestimables.

También quiero mostrar mi agradecimiento a mi equipo de Civility, quienes, sin vacilar, se apresuraron a ayudarme a poner en pie esta misión vital mía. Estoy en deuda con su apoyo, entusiasmo y confianza.

Cuando mis seguidores empezaron a pedirme un libro, no tenía ni idea de por dónde empezar. Afortunadamente, Dios puso a gente maravillosa en mi camino para ayudarme a ofrecer este mensaje a mis lectores.

Tess Callero, mi agente literaria, ha sido fantástica enseñándome los entresijos del mundo editorial. Es una mujer que desborda pasión e intelecto. Si alguna vez has dudado del poder de un frío correo electrónico, este libro es la prueba viviente.

Quiero agradecer también a Jacob Surpin, mi editor en Tarcher-Perigee, y a Pippa Wright, mi editora en el Reino Unido, que confiaran en mí y me animaran a mantener mi voz auténtica en este libro. Gracias a todo el equipo de Penguin Random House, incluidas Lota

Erinne, Lindsay Gordon, Farin Schlussel, Neda Dallal, Katie Macleod-English, Casey Maloney, Lillian Ball y Viviana Moreno, así como a Megan Newman, Tracy Behar y Marian Lizzi, por apostar por este libro desde el primer día.

A Blake Atwood, mi asesor literario, que vino a pasar una semana conmigo, estuvo en mi casa y cenó con mi familia, y trabajó codo con codo conmigo para ayudarme a reflejar mi voz en la estructura de estas páginas.

A Janis Ozolins, que insufló vida y personalidad en los temas de cada capítulo con sus fabulosas ilustraciones.

A Pete Garceau, por el sensacional diseño de la cubierta.

Y, por último, a Jett y Ruby.

Un día, cuando leáis este libro por primera vez, quiero que sepáis que no hay nada en el mundo que pueda compararse a la felicidad de ser vuestro padre. Os quiero.

Notas

4. CONTRÓLATE

1. Laurie K. McCorry, «Physiology of the Autonomic Nervous System», *American Journal of Pharmaceutical Education*, vol. 71, n.º 4, 1 de septiembre de 2007, p. 78.
2. «Understanding the Stress Response», *Harvard Health*, 6 de julio de 2020, <https://www.health.harvard.edu/staying-healthy/understanding-the-stress-response>, consultado el 6 de febrero 2024.
3. Amy F. T. Arnsten, «Stress Signaling Pathways That Impair Prefrontal Cortex Structure and Function», *Nature Reviews Neuroscience*, vol. 10, n.º 6, 1 de junio de 2009, pp. 410-422, <https://doi.org/10.1038/nrn2648>.
4. La presente explicación sobre detonantes no se refiere a la definición más clínica de «detonantes de traumas», que alude específicamente a factores que evocan o hacen recordar traumas pasados mediante la vista, el sonido u otros estímulos. Por el contrario, la referencia aquí es al término más general que se emplea en el ámbito de la comunicación para aludir a palabras que causan una respuesta emocional fuerte que a menudo conduce a una escalada o a reacciones intensas.
5. En la obra de la psicóloga clínica Becky Kennedy *Good Inside*, en-

contrarás una explicación detallada de los detonantes de estrés en los niños, así como de estrategias de crianza. [Hay trad. cast.: *Educar sin miedo*, Planeta, 2022].

6. Brianna Chu, Komal Marwaha, Terrence Sanvictores, Ayoola O. Awosika y Derek Ayers, «Physiology, Stress Reaction», *StatPearls*, 7 de mayo de 2004, <https://pubmed.ncbi.nlm.nih.gov/31082164>.

7. Maayan Katzir y Tal Eyal, «When Stepping Outside the Self Is Not Enough: A Self-distanced Perspective Reduces the Experience of Basic but Not of Self-conscious Emotions», *Journal of Experimental Social Psychology* vol. 49, n.º 6, 1 de noviembre de 2013, pp. 1089-1092, <https://doi.org/10.1016/j.jesp.2013.07.006>; Jessica L. Tracy y Richard W. Robins, «Putting the Self Into Self-Conscious Emotions: A Theoretical Model», *Psychological Inquiry*, vol. 15, n.º 2, 1 de abril de 2004, pp. 103-125, <https://doi.org/10.1207/s15327965pli1502_01>.

8. Chu-Hsiang (Daisy) Chang, D. Lance Ferris, Russell E. Johnson, Christopher C. Rosen y James A. Tan, «Core Self-Evaluations», *Journal of Management*, vol. 38, n.º 1, 12 de septiembre de 2011, pp. 81-128, <https://doi.org/10.1177/0149206311419661>.

9. Richard M. Ryan y Maarten Vansteenkiste, «Self-Determination Theory: Metatheory, Methods, and Meaning», *The Oxford Handbook of Self-Determination Theory*, 3 de febrero de 2023, pp. 3-30, <https://doi-org.eux.idm.oclc.org/10.1093/oxfordhb/9780197600047.013.2>; Jon L. Pierce y Donald G. Gardner, «Self-Esteem Within the Work and Organizational Context: A Review of the Organization-Based Self-Esteem Literature», *Journal of Management*, vol. 30, n.º 5, 1 de octubre de 2004, pp. 591-622, <https://doi.org/10.1016/j.jm.2003.10.001>; Steven Hitlin, «Values as the Core of Personal Identity: Drawing Links Between Two Theories of Self», *Social Psychology Quarterly*, vol. 66, n.º 2, 1 de junio de 2003, p. 118, <https://doi.org/10.2307/1519843>.

10. John H. Harvey y Eric D. Miller, «Toward a Psychology of Loss»,

Psychological Science, vol. 9, n.º 6, 1 de noviembre de 1998, pp. 429-434, <https://doi.org/10.1111/1467-9280.00081>.

5. CONTROLA EL MOMENTO

1. Alan Fogel, «How Your Breathing Relates to Your Emotions, Personality, and Health», *Psychology Today*, 16 de agosto de 2021, <https://www.psychologytoday.com/ca/blog/body-sense/201009/waiting-exhale>.
2. Carolyn Farnsworth, «What to Know About Nose Breathing Vs. Mouth Breathing», 20 de noviembre de 2023, <https://www.medicalnewstoday.com/articles/nose-breathing-vs-mouth-breathing#nose-breathing-vs-mouth-breathing>.
3. También conocido como suspiro cíclico, técnica popularizada por el Dr. Andrew Huberman y su pódcast *Huberman Lab*. Recomiendo los episodios «Tools for Managing Stress & Anxiety», marzo de 2021, y «How to Breathe Correctly for Optimal Health, Mood, Learning & Performance», febrero de 2023. Para los datos, véase Melis Yilmaz Balban *et al.*, «Brief Structured Respiration Practices Enhance Mood and Reduce Physiological Arousal», *Cell Reports Medicine*, vol. 4, n.º 1, 1 de enero de 2023, <https://doi.org/10.1016/j.xcrm.2022.100895>. Y Deni Béchard, «The Huberman Effect», *Stanford Magazine*, Julio de 2023, <https://stanfordmag.org/contents/the-huberman-effect>, consultado el 10 de febrero de 2024.
4. Noma Nazish, «How to De-Stress in 5 Minutes or Less, According to a Navy SEAL», Forbes, 30 de mayo de 2019, <https://www.forbes.com/sites/nomanazish/2019/05/30/how-to-de-stress-in-5-minutes-or-less-according-to-a-navy-seal/>.
5. Samantha K. Norelli, «Relaxation Techniques», *StatPearls*, 28 de agosto de 2023, <https://www.ncbi.nlm.nih.gov/books/NBK513238/>.

6. Marc A. Russo, Danielle M. Santarelli y Dean O'Rourke, «The Physiological Effects of Slow Breathing in the Healthy Human», *Breathe*, vol. 13, n.º, pp. 298-309, <https://doi.org/10.1183/20734735.009817>.
7. Kristen A. Lindquist, Jennifer K. MacCormack y Holly Shablack, «The Role of Language in Emotion: Predictions From Psychological Constructionism», *Frontiers in Psychology*, vol. 6, 14 de abril de 2015, <https://doi.org/10.3389/fpsyg.2015.00444>.

7. LA VOZ ASERTIVA

1. Joylin M. Droney y Charles I. Brooks, «Attributions of Self-Esteem as a Function of Duration of Eye Contact», *The Journal of Social Psychology*, vol. 133, n.º 5, 1 de octubre de 1993, pp. 715-722, <https://doi.org/10.1080/00224545.1993.9713927>.
2. William T. O'Donohue y Jane E. Fisher, *Cognitive Behavior Therapy: Applying Empirically Supported Techniques in Your Practice*, John Wiley & Sons, 2008, p. 27.

8. LAS PERSONAS DIFÍCILES

1. Cleveland Clinic, «Dopamine» 2022, <https://my.clevelandclinic.org/health/articles/22581-dopamine>, consultado el 3 de marzo de 2024.

9. LOS LÍMITES

1. Devin Rapp, J. Matthew Hughey y Glen E. Kreiner, «Boundary Work as a Buffer Against Burnout: Evidence from Healthcare Workers

During the COVID-19 Pandemic», *Journal of Applied Psychology*, vol. 106, n.º 8, 1 de agosto de 2021, pp. 1169-1187, <https://doi.org/10.1037/apl0 000951>.

10. ENMARCAR LA CONVERSACIÓN

1. Barry Schwartz, *The Paradox of Choice: Why More Is Less*, Harper Perennial, 2005, p. 144 [Hay trad. cast.: *Por qué más es menos: La tiranía de la abundancia*, Taurus, 2005].

11. PONERSE A LA DEFENSIVA

1. Eddie Harmon-Jones y Judson Mills, «An Introduction to Cognitive Dissonance Theory and an Overview of Current Perspectives on the Theory», *Cognitive Dissonance: Reexamining a Pivotal Theory in Psychology*, ed. Eddie Harmon-Jones, pp. 3-24, American Psychological Association, 2019. <http://www.jstor.org/stable/j.ctv1chs6tk.7>.
2. Jessica Koehler, «Misinterpreting Behavior Shapes Our Relationships, Decisions, and Perspectives», *Psychology Today*, 27 de marzo de 2023, <https://www.psychologytoday.com/us/blog/beyond-school-walls/202303/decoding-the-fundamental-attribution-error>. Aunque haya académicos que duden de la certidumbre del concepto, lo que sí puedo asegurar es que los efectos del fenómeno afectan a la comunicación.
3. Raymond S. Nickerson, «Confirmation Bias: A Ubiquitous Phenomenon in Many Guises», *Review of General Psychology*, vol. 2, n.º 2, 1 de junio de 1998, pp. 175-220, <https://doi.org/10.1037/1089-2680. 2.2.175>.

12. Las conversaciones difíciles

1. Anna Esposito, «The Amount of Information on Emotional States Conveyed by the Verbal and Nonverbal Channels: Some Perceptual Data», *Lecture Notes in Computer Science*, 2007, pp. 249-268, <https://doi.org/10.1007/978-3-540-71505-4_13>.

2. En *Never Split the Difference*, de Chris Voss con Tahl Raz, estas afirmaciones constituyen «inventarios de negatividades». Este libro es también un ejemplo excelente de empatía táctica y cómo manejar conversaciones. [Hay trad. cast.: *Rompe la barrera del no*, Conecta, 2016].